T0216279

Manipulationen und Moneten – Datentrickserei im digitalen Zeitalter

Hans-J. Lenz

Manipulationen und Moneten – Datentrickserei im digitalen Zeitalter

Hans-J. Lenz
Freie Universität Berlin
Berlin, Deutschland

ISBN 978-3-658-43847-0   ISBN 978-3-658-43848-7   (eBook)
https://doi.org/10.1007/978-3-658-43848-7

Die Deutsche Nationalbibliothek verzeichnet diese Publikation in der Deutschen Nationalbibliografie; detaillierte bibliografische Daten sind im Internet über https://portal.dnb.de abrufbar.

Covermotiv: © stock.adobe.com/MuseColor/ID 692534607
Covergestaltung: deblik, Berlin

Planung/Lektorat: Petra Steinmueller
Springer ist ein Imprint der eingetragenen Gesellschaft Springer Fachmedien Wiesbaden GmbH und ist ein Teil von Springer Nature.
Die Anschrift der Gesellschaft ist: Abraham-Lincoln-Str. 46, 65189 Wiesbaden, Germany

Das Papier dieses Produkts ist recyclebar.

Vorwort

Seien wir ehrlich, haben wir nicht alle schon einmal in der Schule bei Klassenarbeiten in der einen oder anderen Form geschummelt?

Nimmt es da Wunder, dass solche Schummeleien im späteren Berufsleben als Fälscherei und Falschinterpretation von Wirtschafts-, Technologie- und Gesellschaftsdaten ein ebenso altes wie aktuelles Problem darstellen? Erinnert sei beispielsweise nur an den Diesel-Skandal, der nicht nur die Volkswagen AG betraf, oder an die krass gefälschten makroökonomischen Daten Griechenlands, als das Land in die Eurozone eintreten wollte und zu Unrecht vorgab, die Maastricht-Kriterien voll eingehalten zu haben, die besagen, dass die Staatsverschuldung im Betrachtungszeitraum 3 % vom Bruttosozialprodukt nicht übertreffen darf. Auch Fake News und „alternative Fakten" sind in diesem Zusammenhang zu nennen.

Vergleichbare Unredlichkeiten zeigen sich sogar im honorigen Wissenschaftsbereich, stärker noch in dessen

Abb. 1 Spickzettel eines Studenten in einer Klausur, Fachbereich Wirtschaftswissenschaft, Freie Universität Berlin, März 2013

nahem Umfeld. Hier sei nur an die unzähligen gefakten Experimente des seinerzeit führenden niederländischen Sozialpsychologen D. A. Stapel, ehemals Universität Tilburg, erinnert. Dazu müssen auch die Werbekampagnen der Tabakindustrie rund um das Thema *Rauchen und Krebsrisiko* genannt werden, vorgeblich auf neuesten Forschungsstudien beruhend. Sie zielten, wie wir noch im Kap. 13 sehen werden, auf Verwirrung der Bevölkerung hinsichtlich der Schädlichkeit des Rauchens ab.

Ursächlich für Unkorrektheiten, Manipulationen und Schummeleien sind neben fachlicher Unkenntnis insbesondere Absicht, also Vorsatz, motiviert durch Geldgier, Machtstreben oder Prestigesucht der Beteiligten. Hinzukommt in letzter Zeit zunehmend Hass in Form von Hassmails und -tiraden. Während die Unkenntnis noch gerade verzeihbar erscheint und durch bessere Ausbildung und Schulung *on the job* abstellbar erscheint, dennoch aber mehr als ärgerlich ist, haben die anderen Motive schlicht einen unredlichen, oft sogar kriminellen Hintergrund.

Manipulation von Daten ist dabei nur eine Variante des viel mehr umfassenden Datenbetrugs. Denn Daten sind, wenn man so will, der Schatten aller menschlichen Handlungen und spiegeln so auch unredliche Handlungen wider. Im Folgenden wollen wir die wesentlichen Phänomene, teilweise sind es unglaubliche Tricksereien und Vertuschungen, aus dem Bereich des Datenbetrugs an Hand von Fällen vorstellen. An vielen Stellen wird gezeigt, wie jeder Datenbetrügereien auf die Spur kommen kann oder wie Mann oder Frau es vermeiden kann, selbst betrogen zu werden. Damit wird eine Brücke zur forensischen Kriminalistik geschlagen, soweit sie sich auf numerische Daten bezieht. Dazu rechnen auch die Tätigkeitsbereiche von Compliance-Beauftragten, Justiziaren in großen Unternehmen sowie Kriminalbeamten in den regionalen LKAs. Im Kern sind die einzelnen Tatbestände weiß Gott nicht neu, in ihrer Gesamtschau überraschen sie und sind gleichermaßen abschreckend.

Dieses Buch wäre so nicht zustande gekommen, hätte der Verfasser es während seiner gesamten beruflichen Laufbahn und auch danach nicht immer wieder mit Datenqualität und der falschen Nutzung von Daten zu tun bekommen. Als Hochschullehrer für Statistik und Wirtschaftsinformatik an der Freien Universität Berlin betraf das Lehre, Forschung und Beratung Dritter. Hinzu trat die Erfahrung aus Gastvorträgen in aller Welt und den von 2017–2022 jährlich durchgeführten Ganztageskursen *Betrugserkennung aus Datenbeständen* im Rahmen des Masterstudiengangs *Forensische Kriminalistik* an der Steinbeis Hochschule, Berlin. Für den dazu nötigen Gedankenaustausch, die Thematik zu beschreiben und einzugrenzen, bin ich deren ehemaliger Leiterin, Frau B. Galley, Berlin, zu sehr großem Dank verpflichtet. Den eigentlichen Anstoß, sich noch intensiver mit der Datentrickserei zu befassen, gab schließlich Hermann Engesser im Jahr 2016, damals Programmleiter des Fachjournals Informatik-Spektrum beim Springer Verlag, Heidelberg. Er hatte bei einem gemeinsamen Arbeitsfrühstück in Berlin, bei dem wir über letzte Details zu meinem Buchprojekt *Business Intelligence* sprachen, die Idee, Glossen über Datenbetrug für die neu geschaffene Kolumne *Achtung. Datentrickserei!* im Informatik Spektrum vom Verfasser schreiben zu lassen. Dreizehn Glossen habe ich seitdem publiziert. Ihm gilt mein aufrichtiger Dank. Dieser Dank gilt ebenso seinem Nachfolger, Chefredakteur Peter Pagel, der zusammen mit Professor Dr. Thomas Ludwig, Deutsches Klimarechenzentrum, Hamburg, mich seitdem tatkräftig unterstützte, weitere Glossen thematisch festzulegen. Beiden verdanke ich etliche fachliche Verbesserungsvorschläge meiner Manuskripte.

Angeregt durch Diskussionen und das Interesse an meiner Kolumne im Informatik Spektrum, das meine Kollegen aus der Informatik als Leser mir bekundeten, entschloss ich mich, die bislang erschienen dreizehn Glossen zu einem Buch über Datenbetrug zusammenzufassen. Die Chefredaktion des Informatik Spektrums gab spontan ihre Zustimmung. Eine reine Aneinanderreihung der publizierten Artikel schloss ich aus. Stattdessen habe ich jeden einzelnen Beitrag überarbeitet, teilweise aktualisiert oder, falls notwendig, inhaltlich erweitert sowie durch Diagramme und Fotos ergänzt. Die Überarbeitung trifft insbesondere auf die Literaturhinweise zu, die in dieser Form anfangs bewusst nicht vollständig enthalten waren, da der Glossencharakter der dreizehn Kolumnen im Vordergrund stand.

Die Autorenrechte an Fotos zu wahren, erwies sich als ein unerwartetes mühseliges Puzzlespiel. Denn es galt, Ketten von Rechteinhabern bei Verlagen und Agenturen hartnäckig bis zur „Quelle" zu verfolgen.

Bei der Durchsicht des Manuskripts hat mich mein Kollege Prof. Dr. U. Kockelkorn auf ein paar Unklarheiten im Text aufmerksam gemacht. Meiner früheren Klassenkameradin, der ehemaligen Redakteurin beim Südwestdeutschen Rundfunk, Frau B. Wenke, danke ich sehr dafür, dass sie das Skript umfassend kritisch, „quasi redaktionell" durchsah.

Schließlich muss ich auch meine Alma Mater, die Freie Universität Berlin, erwähnen. Seit meiner Verabschiedung 2008 und bis zum heutigen Tag überlässt sie mir einen Arbeitsraum und einen Internetzugang.

Das Buch verdeutlicht insgesamt gesehen Breite und Vielfalt der Datentrickserei, umfangreicher als es einzelne Glossen für sich allein gesehen hätten erreichen können. Wie sagte doch unser Dichterfürst Wolfgang von Goethe im Faust Teil I so treffend: "Dann hat er die Theile in seiner Hand, fehlt leider nur das geistige Band". Hiermit liefere ich nun das geistige Band nach!

Ich danke Herrn P. Pagel, Frau H. Jung, Herrn R. Ravindran und Frau P. Steinmüller, Vieweg/Springer Verlag, Heidelberg, aufrichtig dafür, dass sie nicht nur das Manuskript wohlwollend begrüßten, der Veröffentlichung zustimmten, sondern auch die redaktionelle und technische Drucklegung in die Wege geleitet und bis zur Herstellung fortlaufend unterstützt haben.

Berlin-Dahlem   Hans-J. Lenz
Dezember 2023

Inhaltsverzeichnis

1

Die Fälscher sind unter uns – Money makes the world go ‚round‘

Die oft mit Datenbetrug gleichgesetzte Datenmanipulation stellt einen speziellen Fall des viel weitergehenden, umfassenden Datenbetrugs dar, der in seiner Breite in diesem Kapitel nur angerissen werden soll Die Details dahinter beleuchten wir in den nachfolgenden Kapiteln.

Im digitalen Zeitalter von Globalisierung, Netzwerken, Industry 4.0, Google, Big Data und Künstlicher Intelligenz umfasst der Datenbetrug zunächst einmal den *Datenklau,* auf den sich nicht nur Geheimdienste aus aller Welt spezialisiert haben, sondern wo neben den großen Tech-Firmen auch namhafte Industrie- und Wirtschaftsunternehmen recht aktiv waren und sind. Nutzen sie doch die anfallenden Transaktionsdaten ihrer Kunden oft stillschweigend zu umfassenden Datenanalysen für Marketingzwecke und für die Kundenprofilbildung. Die Deutsche Post, aber nicht nur die, steht stellvertretend für alle, die sich in einem juristischen Graubereich eines schwunghaften Handels mit Adressdaten befassen.

H.-J. Lenz, *Manipulationen und Moneten – Datentrickserei im digitalen Zeitalter,* https://doi.org/10.1007/978-3-658-43848-7_1

Zweitens sind *Plagiate* zu erwähnen. In Form der Produktpiraterie ist dies in der realen Welt grundsätzlich nichts Neues. Auch die Musikbranche und die Malerei sind von illegalen Nachahmern betroffen. Besonders ausgebufft erscheinen Musikstücke im Netz, die die Musik Dritter plagiiert, indem die Tonfolge schlicht rückwärts gespielt wird. Im Gegensatz zur Produktpiraterie fällt die digitale Variante jedoch viel leichter. Die Doktorarbeit des ehemaligen deutschen Verteidigungsministers von Guttenberg ist nahezu vollständig abgeschrieben. „1202 Plagiatsfragmente aus 132 Quellen auf 369 von 393 Seiten (93,9 %) in 10.298 plagiierten Zeilen (63 %)" [1]. Die Betrügerei des Politikers hat immerhin dazu geführt, dass neuere Methoden der Text- und Zitieranalyse entwickelt wurden, um weitere plagiatsverdächtige Doktorarbeiten zu überprüfen. Die neuen Analyseverfahren führen zu geringeren Fehlerraten als die traditionellen Ansätze der Plagiatsprüfung [2]. Denn sie beruhen nicht nur auf reinen Textvergleichen, sondern analysieren zusätzlich die Zitate-Struktur von Original und Plagiat. Die Abb. 1.1 zeigt eindrucksvoll, in welchem Umfang der Politiker plagiierte.

Gleichzeitig stellt von Guttenbergs Dissertation nunmehr eine Messlatte dar, mit der Methoden der Plagiatsaufdeckung hinsichtlich der Fehlklassifikationsraten zu überprüfen sind. Denn die Wahrscheinlichkeit, einen Unschuldigen an den Pranger zu stellen, sollte ebenso klein sein wie die, einen Plagiator durchkommen zu lassen. Ein positiver Nebeneffekt dieser Anstrengungen, solche Missetäter zu entlarven, ist übrigens auch die damit verbesserte Aufklärungsrate von *Selbstplagiaten,* wo Wissenschaftler Teile ihrer eigenen Texte, Diagramme, Tabellen oder Fotos – ggf. in leicht geänderter Form – erneut publizieren, ohne allerdings die ursprüngliche, eigene Quelle anzugeben. Im akademischen Umfeld machen dies unter anderem Nach-

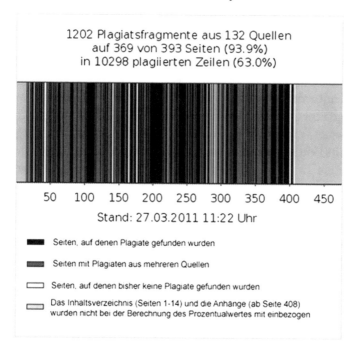

Abb. 1.1 Spektrum des Plagiierens in der Dissertation von Karl-Theodor zu Guttenberg [1]

wuchskräfte, um die Anzahl ihrer Publikationen zu erhöhen, und erhoffen sich so, ihre Karrierechancen zu verbessern. Das Schlagwort „Publish or perish" – „Publiziere oder versage" – macht das verhängnisvolle Spannungsfeld im heutigen Wissenschaftsbereich deutlich. Auch die Unart, aus eigentlich einer umfänglichen Arbeit zwei Publikationen zu machen, gehört in diesen Zusammenhang.

Datenmanipulation bildet den dritten großen Bereich des Datenbetrugs. Sie umfasst schon lange nicht mehr nur Telefongebühren-, Kredit- und Scheckkartenbetrug. Vielmehr bietet die Digitalisierung zusammen mit der Vernetzung und Integration von Daten in vielen Lebensbereichen bislang ungeahnte „Geschäftsmodelle" für Betrüger. Der Zugriff auf offene, große Datenmengen in den sozialen Netzwerken, auf die internen Speicher der Assistenzsysteme, die in Kraftfahrzeuge und Haushalte eingebaut sind, hat quasi die Pandora-Büchse des Datenbetrugs geöffnet. Motiv ist auch hier überwiegend: Prestige, Wut und Geldgier. Betroffen vom Schönfärben und Frisieren sind nicht nur experimentell gewonnene Daten, sondern auch Langzeit-, Querschnitts- und Paneldaten, gesammelt bzw. ausgewertet von Staaten (Griechenland), Unternehmen (Deutsche Bank, Deutsche Post), Universitätskliniken (Klinikum rechts der Isar), Fernsehanstalten (ZDF) und Vereinen (ADAC). Datenmanipulationen wurden selbst bei kirchlichen Organisationen ruchbar, siehe beispielsweise die unchristliche Geldwäsche des Vatikans. Die Wahl 2011 in Russland steht stellvertretend für Wahlfälschungen in vielen anderen Ländern der Welt. Auf Wahlfälschung in seiner vollen Breite kommen wir in Kap. 7 noch zu sprechen. In der universitären und außeruniversitären Forschung ist seit jeher Datenmanipulation im Spiel gewesen. So haben beispielsweise bereits Galilei oder Newton, meine Heros in den Naturwissenschaften, ihre Messreihen aus Plausibilitätsgründen den theoretisch richtigen Funktionsverläufen angepasst. Allerdings sollte die seinerzeit nicht sehr genaue Zeitmesstechnik dabei mitberücksichtigt werden. Die Trickkiste umfasst weiterhin vorsätzlich oder aus mangelndem statistischem Fachwissen fehlerhaft entworfene Studien oder Reports. Dazu rechnen auch etliche Presseveröffentlichungen und amtliche Verlautbarungen, die sich auf das regionale Infektionsrisiko während der Corona-Pandemie bezogen. Die gemeldeten Infektionsfälle wurden schlicht auf die falsche Teilgesamtheit der Bevölkerung bezogen. Zur gängigen Datenmanipulation rechnen das Weglassen „ungeeigneter" Messoder Beobachtungswerte oder das auf das Untersuchungs-

ziel ausgerichtete Erfassen weiterer Daten. Hinzu kann die
Verzerrungen auslösende Auswahl von Gegenstands- sowie
Orts- und Zeitbereich bei empirischen Studien kommen,
die Art und Weise der Ziehung einer Stichprobe – mit
der Gefahr einer völligen Verzerrung der Ergebnisse, statistisch „Sampling Bias" genannt. Der Werkzeugkasten
der Statistik bietet dem Unkundigen weiterhin ein breites
Angebot an Untersuchungsmethoden. Hier seien nur Datentransformationen in Form von „Ausreißer-", Trend-,
Konjunktur- oder Saisonbereinigungen sowie die breite
Palette statistischer Signifikanztests, die nicht immer auf
Stichproben beruhen, genannt. Mit solchen Tests lassen
sich empirische Hypothesen statistisch überprüfen, vorausgesetzt, die Verfahren werden sachlich korrekt und nachprüfbar angewendet.

Vorsicht war geboten bei Googles Parole „$N =$ All", wir
brauchen sozusagen keine Stichproben mehr, wir erfassen
alle Daten! Denn sie täuscht die Vollständigkeit der Un-
tersuchungseinheiten nur vor, wie bei der Prognose von
Epidemien in den USA geschehen. Die Voraussage basierte auf allen Google zugänglichen Daten, insbesondere
Tweets. Man muss beachten, dass Twitter-Nutzer nicht
die Gesamtheit aller Personen repräsentieren, sondern
als Auswahlgesamtheit altersbedingt nur eine echte Teilgesamtheit, eben die, die Tweets überhaupt verschicken.
Denn weder Kleinkinder noch Senioren, vielleicht bis auf
eine Minderheit, wurden erfasst. Haben Sie, lieber Leser,
schon einmal Kurznachrichten über Twitter, seit kurzem
in X umbenannt, verschickt? Ein „beliebtes" Mittel zum
(erzwungenen) Signifikanz-Nachweis einer Vermutung
oder Hypothese ist übrigens das ergebnisabhängige Her-
aufsetzen vom eigentlich vorgegebenen Signifikanzniveau
eines Tests, d. h. statt 1 % auf 5 % oder 10 %, oder sogar
die „geeignete" Anpassung der Prüfgröße samt Test. Ein
Erzübel, das kaum ausrottbar zu sein scheint, ist das wie-

derholte Testen von Modellen oder Verfahren anhand ein und desselben Datensatzes. Eine solche Folge von Tests führt zwangsläufig zur groben Unterschätzung des Fehlers erster Art (eine richtige Hypothese abzulehnen, also auf „falsch-positiv" zu entscheiden), dessen nomineller Wert oft mit $\alpha = 1\,\%$ oder $5\,\%$ vorgegeben wird. Dies kann bei ausreichend langer Testfolge zur Annahme praktisch jeder Prüfhypothese führen. Gerade beim Studium des Laufzeitverhaltens von alternativen Algorithmen wird dieser Effekt immer wieder gröblich missachtet.

Der *Datenfabrikant* schließlich macht sich die Informationsbeschaffung und -verteilung noch ‚einfacher'. Er denkt sich am grünen Tisch passende „Felddaten" zu seiner Untersuchung einfach aus, spart damit Zeit und Kosten, und gewinnt einen zeitlichen Vorsprung vor seinen Mitbewerbern, um weitere Aufträge, Stipendien zu akquirieren oder sonstige Vorteile zu erzielen. Der sozialpsychologische Wissenschaftler F. Stapel, Universität Tilburg, gilt als abschreckendes Beispiel eines solchen „Datenfabrikanten". Er verfasste mit seinen Mitarbeitern gefakte, angeblich auf empirischen Untersuchungen beruhende Studien im sozialpsychologischen Umfeld. Er ist, weiß Gott, nicht der Einzige. Das werden wir in Kap. 4 noch deutlich machen.

Die aktuellen Bemühungen im Wissenschafts- und im Wirtschaftsbereich gehen dahin, die Instrumente zur Aufdeckung von Datenmanipulationen kontinuierlich zu verbessern. Wiederholbarkeit (Repeatability), Reproduzierbarkeit (Reproducibility) und Transparenz sind notwendige, aber nicht hinreichende Bedingungen für glaubwürdige experimentelle oder Beobachtungsstudien. Dazu gehört zwingend die komplette Dokumentation von Forschungsziel, Experimenten und Beobachtungsstudien als Metadaten (Laborbuchinhalt, Messmethodik, Messgeräte, Messteams, Randbedingungen usw.). Mit verbesserten Verfahren zur Aufdeckung von Datenbetrug ließen sich kleinere Fehlerraten (Risiken, einen Fälscher nicht zu entlarven bzw. einen ehrlichen Forscher zu beschuldigen) erzielen, sodass der Abschreckungseffekt für Betrüger wesentlich größer wäre. Flankierend müssen die großen wissenschaftlichen Verlage, Vereine und Forschungsinstitutionen wie DFG, BMFT usw., ähnlich zum „Reproducibility Project", weiterhin verstärkt „Reaktive Compliance Teams" vorhalten und diese Gremien weiter ausbauen sowie geeignete Software einsetzen, um Datenbetrug online zu entlarven. Denn wie bei beim Spiel *Räuber und Polizei* hat die kriminelle Seite oft technologisch gesehen die Nase vorn – in der schönen neuen Digitalen Welt ganz einfach durch fast perfekte natürliche Spracheingabe sowie kinderleichte Bearbeitung und Montage von Bild- und Videodaten. Die analysierten Daten staatlich finanziell geförderter Projekte müssten zusammen mit deren Real- und Metadaten komplett thesauriert, fachöffentlich zugänglich gemacht und stichprobenmäßig oder auf Verdacht hin überprüft werden. In deren Obhut läge auch die Entscheidung, ob im Einzelfall „Bad Practice" oder Betrug vorliegt, eine nicht immer scharfe Grenzlinie.

Ein Trost bleibt allen Ehrlichen. Da kein noch so perfekt agierender Fälscher eine in sich schlüssige Datenwelt schaffen kann, gilt der Slogan von Deutschlands wohl bekanntestem Steuerfahnder, Frank Wehrheim, auch für den Datenbetrug im Allgemeinen: „Am Ende kriegen wir sie alle".

Literatur

1. Guttenplag Wiki (2011). http://de.Guttenplag.wikia/ Wiki/Guttenberg_Wiki, Abruf: 9.11.2018, lizenziert über CCBY4.0

2. Gipp, B. et al. (2014). Web-based Demonstration of Semantic Similarity Detection Using Citation Pattern Visualization for a Cross Language Plagiarism Case, ICEIS, vol. 2, 677–683

2

Der Libor-Skandal – Kleinvieh macht auch Mist

Jeder Studierende der Wirtschaftswissenschaft lernt schon im ersten Semester, dass in einem marktwirtschaftlichen System die freie Preisbildung dem wettbewerbsmäßigen Ausgleich von Angebot und Nachfrage nach materiellen oder immateriellen Gütern dient. Ist ein Gleichgewichtspreis fixiert, so kann jeder Marktteilnehmer (Käufer oder Verkäufer) prinzipiell fair seinen Handel (Transaktion) abwickeln. Dieses Prinzip gilt gleichermaßen auf realen als auch virtuellen Märkten.

Was Studierende später noch lernen – dies ist zum vollen Verständnis des Libor-Skandals bedeutsam – ist die „Prinzipal-Agenten-Theorie". Der Arbeitgeber („Prinzipal") handelt ein vertrauensbasiertes Anreizsystem mit seinem Mitarbeiter („Agenten") aus, bei dem das Risiko eines niedrigen oder unsicheren Einkommens des Agenten mit leistungsabhängiger Entlohnung über Boni austariert wird.

Was Studierende dagegen sicherlich nicht im ersten Semester lernen, wenn überhaupt, ist, wie man dieses

H.-J. Lenz, *Manipulationen und Moneten – Datentrickserei im digitalen Zeitalter,* https://doi.org/10.1007/978-3-658-43848-7_2

Entgeltprinzip aus Prestige- oder Profitgründen aushebeln kann. Dazu müssen Monopole, Oligopole, Kartelle und betrügerische Handlungen einzelner Mitarbeiter oder gar „kleiner", vernetzter Banden ins Spiel kommen. Ein solches „asoziales Netzwerk" agierte im Zentrum des Libor-Skandals, wie wir gleich sehen werden. Solche Netzwerke schaffen durch Absprachen eine auf den Märkten illegale, den Wettbewerb verzerrende Praxis und verursachen bei Unbeteiligten hohe Vermögensschäden. Die Aussage „Der Angeklagte Tom Hayes war gut vernetzt" bekommt damit eine ganz neue Bedeutung.

Was ist nun auf diesem Hintergrund der Kern des Libor-Skandals? Fangen wir mit dem Libor, Akronym für *London Interbank Offered Rate,* selbst an. Er ist für jede von zehn Währungen der Referenzzinssatz, zu dem sich Banken untereinander an der Londoner Börse Geld leihen. Weitere solche referentielle Zinssätze sind der Euribor im Interbankengeschäft innerhalb des EU-Raums oder der Tibor in Japan. Der Laie als Bürger könnte sich fragen, was ihn solche Zinssätze überhaupt angehen, selbst wenn sie manipuliert wären. Er sollte dabei jedoch bedenken, dass „Referenzzinssatz" hierbei schlicht besagt, dass von seiner Höhe immerhin Immobilien-, Verbraucher- und Privatkredite sowie Sparguthaben abhängig sind und andere Finanzprodukte wie Optionen oder Derivate sich daran tendenziell orientieren. Er könnte also sehr wohl indirekt durch „Fernwirkungen" einen Vermögensschaden erleiden.

Der erst im Jahr 2011 aufgedeckte Skandal besteht darin, dass sich diese Zinssätze nicht frei im Wettbewerb wie geplant bildeten, sondern dass ihn Geldmarkt-Händler von zweiundzwanzig internationalen Banken geheim absprachen, und ihr Wissen intern an ihre hauseigenen Trader weitergaben. Zum Kartell gehörten unter anderem die Deutsche Bank, UBS, Royal Bank of Scotland, HSBC,

Mitsubishi-UFJ, Barclays-Bank, JP Morgan, Citigroup und der Bank of Amerika [1]. Dabei sicherte die relativ kleine Gruppengröße die größtmögliche Verschwiegenheit. Die Geldmarkthändler der beteiligten Banken verständigten sich vorab mit ihren eigenen Derivatehändlern, damit diese mit dem Insiderwissen entsprechende Handelspositionen bei Termingeschäften auf den Drei- und Sechs-Monate-Libor eingehen konnten. Danach erfolgten die kartellartigen Interbankabsprachen über die Zinsmanipulation innerhalb der Libor-Bande. Werktäglich gegen 11 Uhr meldete darauf jede dieser Banken scheinbar unabhängig voneinander dem britischen Bankenverband (BBA), der die zuständige Aufsichtsbehörde bildete, den Zinssatz, zu dem sie sich Geld in den jeweiligen zehn Währungen zu leihen bereit wären. Der BBA trimmte vorschriftsgemäß die gemeldeten Prognosen, d. h. entfernte die Extremwerte, d. h. einen fixen Anteil von Kleinst- und größten Werten, und berechnete dann aus den verbliebenen Meldewerten das arithmetische Mittel als Referenzzinssatz des Tages. Je nach Absprache der Händler – darunter allein sechs der Deutschen Bank – lag der Durchschnittswert gewollt künstlich, zu hoch oder zu tief. Der Leser bedenke: Am Libor und den beiden anderen Referenzzinssätzen hängt weltweit ein Transaktionsvolumen von geschätzten hundert Billionen Dollar [2]. Folglich führen schon kleinste Manipulationen der Händler unterhalb des Promille-Bereichs zu steten, mittelhohen Gewinnen bei den Banken des kartellartigen Netzwerks, andererseits auch zu Verlusten bei (ahnungslosen) Investoren wie der University of California und einigen deutschen Kommunen [3].

Daran erkennt man, welche Auswirkungen diese Manipulationen des Marktes durch Betrug und Informationsasymmetrie bei Entscheidungen im Bankensektor haben. Besonders ausgeprägt waren die Auswirkungen von Zinsmanipulationen im Options- und Derivatehandel. Hier erzielt der Investor einen Gewinn, wenn der Zins zu einem festen Termin über einem Schwellenwert liegt, und macht im komplementären Fall Verlust.

Kommen wir kurz zurück auf die „Prinzipal-Agenten-Theorie" und deren Rolle im Skandal. Bekanntlich ist das Bonussystem der Banken auch Standard bei der Mitarbeitervergütung in der gesamten Wirtschaft. Die Bonuszahlungen in ihrer damaligen unbeschränkten Höhe führten auf der Ebene der am Libor-Skandal beteiligten Händler – von den Boni bei der Endkundenberatung ist hier wohlgemerkt nicht die Rede – zu grotesken Effekten. Ex-Banker Tom Hayes beispielsweise, eine Schlüsselfigur des Skandals, bekam zuletzt im Jahr 2012 bei der Citigroup in Tokio dreieinhalb Millionen engl. Pfund in nur neun Monaten ausgezahlt. Ihm wird nachgesagt, mit einer Manipulation des Libor um 0,1 ‰ einen Spekulationsgewinn von fast 460.000 US$ eingefahren zu haben [1]. Folgerichtig verurteilte ihn die Londoner Strafkammer in einem Berufungsverfahren wegen Wirtschaftskriminalität zu elf Jahren Haft und einer Strafe (ohne Gerichtskosten) von 1,12 Mio. € [2].

Wesentlich besser erging es anfangs dem berühmt-berüchtigten Investmentbanker der Deutschen Bank, dem Franzosen Christian Bittar. Er bekam als Derivatehändler noch 2009 einen Rekordbonus von sage und schreibe achtzig Mio. Euro zuerkannt, wurde aber 2011 wegen seiner Verwicklung in die Euribor-Affäre gefeuert. Die Deutsche Bank hielt einen ihm „vertraglich zustehenden" Bonus von 40 Mio. € zurück. Das britische Serious Fraud Office (SFO), London, erhob 2015 Anklage gegen ihn und weitere Händler der Deutschen und der Barclays-Bank [4].

Die bislang verhängten Strafen gegen die beteiligten Banken in den USA, Großbritannien und im EU-Raum hatten abschreckende Wirkung. Die EU-Kommission setzte allein gegen die Deutsche Bank eine Strafe von 725 Mio. € durch. Die USA und das Vereinigte Königreich einigten sich mit den beklagten Banken auf eine Strafzahlung wegen der Euribor-Manipulationen in 2015 von insgesamt 2,5 Mrd. US$ [5] (Abb. 2.1).

Welche Konsequenzen hatte der Libor-Skandal? Er verursachte Zweifel an den Systemen von Referenzzinssatz und Entlohnung aufgrund nach oben scheinbar unbeschränkter Bonuszahlungen. Hinzu kam mangelhafte Aufsicht und Kontrolle innerhalb der Banken und außerhalb durch Länder und supranationale Institutionen wie EZB. Auf Bankenebene waren und sind weiterhin das Topmanagement, deren IT, die Organisation und die interne Betrugsaufsicht, d. h. Compliance-Abteilung und Revision gefragt, entsprechend umzudenken und Kontrolle wieder zurückzugewinnen. Im Finanzbereich wurde 2014 der Londoner Börse die Zuständigkeit für die Festsetzung des Libor-Zinssatzes entzogen und der in London neu gegründeten Tochter NYSE Euronext übertragen. Diese wird wie

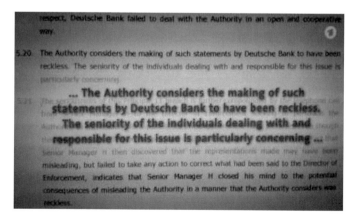

Abb. 2.1 Beurteilung der Deutschen Bank durch SFO, London [6]

alle Großbanken künftig von der britischen Bankenaufsicht streng überwacht.

Der Libor-Skandal stellte letztlich (von Banken organisierte) Zockerei dar, man könnte das auch als organisierte Kriminalität (OK) bezeichnen. So gesehen ist der Skandal formal sehr ähnlich zu illegalen Sportwetten oder Preis-Kartellbildung auf abgegrenzten Märkten. Daher sei die Frage gestattet, warum die britische Finanzaufsicht (FCA) und andere Institutionen nicht von Anfang an mathematisch-statistische (Maschinenlern- oder KI-) Verfahren zur Überwachung der einschlägigen Marktkenngrößen einsetzten, wenn Zinssätze von denjenigen fixiert wurden, die gleichzeitig Händler waren oder unter einer Decke, sprich demselben Bankhaus, steckten. Denn (minimale) Zinssatzänderungen waren stets mit hohen „Spieleinsätzen" korreliert. Ein Monitoring des Libor-Fixings, d. h. die laufende Überwachung der relevanten Marktdaten einschließlich der sog. Impuls-Zinssatz-Elastizitäten mittels Regressions- und Zeitreihen-Modellen hätten sich angeboten. Erst im Nachhinein überführte die FCA die verdächtigen Händler anhand von klassischen Beweismitteln wie SMS, Emails und Internet-Chats. Wie überall waren auch hier die Betrüger ausgesprochen clever. Bei der maßgeblich beteiligten Deutschen Bank wurden die einschlägigen Absprachen unter den Händlern in Französisch geführt, um dem bekannten Scanning der Online-Kommunikation bei der Deutschen Bank zur Entdeckung von deutschen Schlüsselwörtern zu entgehen, daher *„French Connection"* [1]. Obwohl beim Libor-Skandal wie beim staatlichen Ankauf von Steuer-CDs der Zweck die Mittel heiligt, verbleibt ein bitterer Nachgeschmack. Denn die allgegenwärtige Überwachungspraxis von Mitarbeitern – trotz erzwungener, vertraglich abgesicherter Zustimmung – führt zum „Gläsernen Menschen", eine über den Fall hinausgehende, jedoch befremdliche Perspektive.

Wo bleiben eigentlich bei der Betrugsbekämpfung innerhalb und außerhalb von Finanzunternehmen und anderen Wirtschaftseinheiten die *Kronzeugenregelung* und interne Hinweisgeber *(Whistleblower)?* So greift immerhin in Deutschland die Kronzeugenregelung bei der Aufdeckung von Kartellen in etwa vierzig Prozent der Fälle. Die Bundesanstalt für Finanzdienstleistungsaufsicht (BaFin) hat seinerzeit reagiert und eine Hotline für Informanten aus der Finanzbranche eingerichtet.

Den Libor-Skandal kann ein literarisch belesener Pessimist auch ganz anders sehen. Bertolt Brecht hat wohl doch Recht mit seiner Aussage: „Erst kommt das Fressen, dann die Moral".

Literatur

1. Siedenbiedel, Ch. (2013). Die Libor-Bande, Frankfurter Allgemeine Sonntagszeitung, 10.2.2013, Nr.6, S.21–22
2. SPIEGEL ONLINE (2016). Niederlage für Großbanken bei Aufarbeitung des Libor-Skandals, 23.5.2016 (Abruf: 1.7.2016)
3. Bloomberg News (2013). 26.6.2013, www.blomberg.com (Abruf: 1.7.2016)
4 wikipedia (2016). Schlagwort „Libor-Skandal" (Abruf: 1.7.2016)
5. Slodczyk, K. (2015). Deutsche Bank und Euribor: Großbritannien knöpft sich Banker vor, Handelblatt, 13.11.2015 (Abruf: 1.7.2015)
6. ARD-Mediathek, 1. Programm (2017). Deutsche Bank, Screenshot vom 8.8.2017, schriftliche Lizenzierung durch. https://www.mitschnitt@wdrmg.de. vom 20.10.2023

3

‚Datendiebstahl – Mach' die Augen auf oder den Beutel

Der Meisterdieb ist eins der Märchen der Brüder Grimm und taucht in abgewandelter Form in vielen Kulturen auf. Es handelt von einem Dieb, der sich mit dreister Schläue, mit viel List und Fertigkeiten gegenüber der Obrigkeit durchsetzt, sich dadurch einer gerechten Strafe entziehen kann und dennoch sein Ziel, die Grafentochter zu freien, erreicht. Der „kleine Mann" als genüsslicher Leser wird sagen: Schad ihm – dem Grafen – gar nicht. Ein Schelm, wer an Böses dabei denkt.

Im Internet- oder digitalen Zeitalter geht es nicht mehr um Diebesgut wie bestes Pferd, Bettlaken und Trauring oder gar Pfarrer und Küster wie beim Meisterdieb, sondern es geht vornehmlich um immaterielle, abstrakte Güter, nämlich Daten sowie Informationen von nach oben unbegrenztem, realen oder ideellen Wert. Daten muss man sich auch nicht mühsam körperlich aneignen, also zuerst zum Tatort gehen und dann das Objekt entwenden, sondern in den meisten Fällen reichen kriminelle

Energie und fachlicher Einfallsreichtum am häuslichen Arbeitsplatz. Wie der Diebstahl von Fotos Prominenter aus einer Cloud zeigt, muss der Dieb sich in der Tat nicht einmal zum Speicherort der digitalen Bilder bewegen. Illoyale Mitarbeiter in Unternehmen arbeiten vor Ort und können beispielsweise locker vom Hocker mittels ‚Paste and Copy‘ finanzwirtschaftlich wichtige Daten eines Unternehmens auf mobile Datenträger übertragen. Anschließend bringen sie diese an der Auslasskontrolle vorbei außer Haus, wie dies der Fall beispielsweise bei (Steuer-) CDs war. Beim Raub von Steuerdaten, die sich auf zugrunde liegenden Steuerbetrug beziehen, ist bei moralischer Betrachtungsweise nicht glasklar zu sagen, wer Schädiger ist und wer den Schaden trägt, Bank, Drittstaat oder Dieb. Allgemein gesehen, sind Geschädigte im Gegensatz zur Mär beim Meisterdieb nicht Grafen oder nur die oberen Zehntausend, sondern auch der kleine Mann, eigentlich alle Menschen. Neben Individuen gehören dazu auch Verbände, Vereine, Unternehmen mit ihren Kundenportalen und Onlineshops sowie Auktionshäuser, ja, selbst staatliche Institutionen wie Gemeinden. Auch Regierungschefs sind nicht gefeit, wie der ehemaligen deutschen Bundeskanzlerin widerfahren, deren privates Blackberry Handy von 2002 bis wohl 2014 vom US-Geheimdienst abgehört wurde. Derartiger Daten-Diebstahl ist alles andere als genüsslich wie beim Fall des Meisterdiebs, leider auch nicht historisch überholt, sondern höchst allgegenwärtig.

Welchen schier unglaublichen Umfang der Datendiebstahl annehmen kann, macht allein schon der Fall bei Yahoo Ende 2014 deutlich. Bei dem Hack wurden Daten von mindestens 500 Mio. Nutzern gestohlen und im August zum großen Teil im Internet zum Verkauf angeboten [1]. Dabei ging es unter anderem um E-Mail-Adressen, Telefonnummern und Geburtstage sowie verschlüsselte Passwörter. Offensichtlich war Geldgier das entscheidende

Motiv und nicht der Hackerfolg als solcher wie in den
frühen Pioneerjahren der digitalen Ausspäherei. Hinzu
kommt, dass es sich wohl nicht „nur" um einen rein zivilen Angriff auf Yahoo gehandelt hat; denn der Angriff war
nach Auskunft von Yahoo Hackergruppen zuzuordnen,
die Nähe zu chinesischen oder russischen Geheimdiensten haben. Es erstaunt, welche Breite und Professionalität
der Datenbetrug inzwischen aufweist, wer alles als „Spieler" oder Akteur auftritt, wie unterschiedlich deren Motive
sind und welcher zusätzliche Umfang an Vorsichts- und
Abwehrmaßnahmen insbesondere staatlicherseits notwendig ist – Tendenz stark steigend.

Schauen wir zuerst auf den Politikbereich. Mittels infi-
zierter Mails haben sich Hacker 2015 Zugang in das interne Netz des deutschen Bundestages verschafft, und die
Kommunikation der Abgeordneten und der Bundestags-
verwaltung ausgespäht. Dies hatte zur Folge, dass das Netz
mehrtägig abgeschaltet, dann gesichert und später neu ge-
startet werden musste. Der Verfassungsschutz sprach von
einem „nicht unerheblichen Abfluss von Daten" [2]. Eine
vergleichbare Spähattacke auf Politiker bzw. politische
Parteien gab es auch in den USA in 2015. Im Vorfeld des
letzten US-Wahlkampfs gelang es Hackern, die Kommunikation zwischen führenden US-Demokraten auszuspähen.
Wie obige Quelle weiter berichtete, wurden kurz vor der
Nominierung der demokratischen Präsidentschaftsbewer-
berin Mails der Demokraten auf der Enthüllungsplattform
Wikileaks veröffentlicht, die aufzeigen, dass die Führung
der demokratischen Partei längst gegen Clintons Mitbewerber Sanders votiert hatte.

Letzterer Fall von Datendiebstahl weist insofern eine
Besonderheit auf, dass diese Information auf Wikileaks
publiziert wurde, und einen offensichtlichen Missbrauch
der Enthüllungsplattform deutlich macht. Bei dem Datendiebstahl und der Informationsweitergabe an die Öffent-

lichkeit durch die Whistleblower Mannig und Snowden ging es allein um die Aufklärung eines abscheulichen und ethisch verwerflichen, militärischen bzw. geheimdienstlichen Machtmissbrauchs durch das Militär der USA ohne geldwerten Vorteil, wobei der Rachegedanke die Mittel „heiligte".

Dagegen war das politische Ziel der Parteien im US-Wahlkampf in 2015 einzig, den Gegenkandidaten zu desavouieren. Beim Steuerbetrug in Deutschland aus dem Jahr 2006, in den Banken aus den Steueroasen Schweiz und Lichtenstein verwickelt waren, die Schwarzgeld deponierten, ist das Problem wiederum etwas anders gelagert. Denn der schweizerische CD-Steuerdaten-Anbieter H. Falciani handelte schlicht aus Geldgier, dem das Interesse des deutschen Staates an Steuergerechtigkeit, der Aufdeckung des Steuerbetrugs betuchter deutscher Staatsbürger und die Erwartung zusätzlicher Geldeinnahmen bei Bund und Land entgegenkam. Im oben erwähnten US-Wahlkampf blieben die Daten-Diebe und deren Einzelinteressen im Dunkeln. Westliche Medien zitierten das Bundesamt für Sicherheit in der Informationstechnik (BSI), das Russland aufgrund der Angriffsweise und Kodierung des Angriffs verdächtigte. Wie sagte doch Brecht so schön: „Denn die einen sind im Dunklen und die anderen sind im Licht und man sieht die im Lichte, die im Dunkeln sieht man nicht."

Bevor wir den politischen Bereich verlassen, werfen wir kurz einen Blick auf die Ausspähaktivitäten der NSA – US National Security Agency – und deren weltweite Kooperation mit verbündeten Geheimdiensten. Erinnert sei daran, dass auch der Bundesnachrichtendienst, kurz BND, ins Zwielicht mit seiner Abhörstation in Bad Aibling kam, wo er massenhaft personenbezogene Telekommunikationsdaten letztlich ohne gesetzliche Grundlage anhand von etwa vierzigtausend Kriterien, sog. Selektoren, mitlas [3]. Eine legale Version dieser Art der Datenbeschaffung, wenn auch politisch umstritten, erfolgt in Deutschland seit 2017 über sog. Bundestrojaner. Der Deutsche Bundestag bestätigte 2021, dass Bundespolizei und alle deutschen Nachrichtendienste die Endgeräte von Verdächtigen hacken dürfen [4].

Wenden wir uns abschließend dem zivilen Bereich zu. Der Datendiebstahl an Geldautomaten (ATM) war rund um die Jahrtausendwende eine Zeit lang so „in Mode" gekommen, dass in den Medien darüber zunehmend berichtet wurde. Dies bewirkte, dass unter anderem die Inhaber von Kredit- oder Bankkarten wesentlich vorsichtiger und aufmerksamer beim Geldabheben wurden. Dieser als *Skimming* bezeichnete Datenbetrug erfolgte so, dass Daten von Magnetstreifen am ATM durch eine oberhalb der Tastatur in den Geldautomaten eingebaute Kamera illegal ausgelesen und unmittelbar später auf gefälschte Karten kopiert wurden. Mit denen tätigten die Betrüger Einkäufe zulasten des Bestohlenen. Gleiches Abfischen von Nutzerdaten gelingt auch nach wie vor per illegalen automatisierten Telefonabfragen (*Vishing* – „Voice" und „Pishing"). Der Trickbetrüger tritt an sein Opfer nicht am Geldautomaten heran, sondern nutzt für ihn bequem den häuslichen Telefonanschluss, wobei er sich beispielsweise über das Dark Internet oder per Telefonanruf Name und Telefonnummer vorab verschafft. Getarnt als hilfswilliger Bankangestellter, der vorgibt, das Konto des Betroffenen zu reaktivieren oder Ähnliches zu tun, holt er sich von dem Gutgläubigen noch Kontonummer, Pin und TAN, um das Girokonto anschließend zu plündern. Dass Kriminelle heutzutage auf noch einfachere Weise Kundenkonten leerräumen können, zeigt der Betrugsfall bei Deutschlands zweitgrößter Privatbank, der Commerzbank, vom November 2023 [12]. Bei einem Dienstleister der Bank wurde bei mehr als hundert Kunden durch illegale Abbuchungen ein Schaden in zweistelliger Millionenhöhe angerichtet. „Sie nutzten dabei offenbar Girocards, die mit der Maestro-Funktion ausgestattet waren." [12].

Es liegt auf der Hand, dass die mobilen Netzwerke, bei denen immer wieder unerkannte Sicherheitslücken entdeckt werden, der Ausspäherei Vorschub leisten, was als *Snarfing* bezeichnet wird. Den Datendiebstahl zum Geschäftsmodell machten einige Mitarbeiter des Krankenversicherers Debeka – wenn auch in Verbindung mit Insiderinformationen durch Beamtenbestechung. Sie beschafften sich die notwendigen Daten angehender Beamter, um mit denen neue Krankenversicherungsverträge abzuschließen, und so in den Genuss der Abschlussprovision zu kommen [5].

Gehen wir nun auf den *Identitätsdiebstahl* noch etwas genauer ein. Fast jeder Nutzer von Maildiensten hat wohl schon einmal eine E-Mail erhalten, die besagte, dass ein Verwandter, Bekannter, Kollege oder Kollegin – erkennbar über illegal abgegriffene Familiennamen, Vornamen und Emailadresse – im Ausland fest säße und dringend auf eine Geldüberweisung angewiesen wäre. Dabei handelte es sich beispielsweise um eine teure Krankenhausrechnung, die vor Ort zu begleichen wäre. Der Journalist Seeling berichtete von einem besonderen Fall [6]. Dabei war er selbst neben vierzig Parlamentariern Opfer von Internetbetrügern geworden. Mit gefälschter Identität – „Alle persönlichen Daten bis hin zur Kontoverbindung waren korrekt. Nur die E-Mail-Adresse gehörte mir nicht, obwohl sie meinen Namen enthielt" [6] – schlossen die Täter vermutlich aus Ghana über das Internet Verträge über neue Mobilfunkanschlüsse zu seinen Lasten ab und verursachten gleich noch Telefonkosten in vierstelliger Höhe. Nicht allgemein bekannt sein dürfte, dass bei Facebook bis Juni 2016 jedermann unter dem Namen eines Dritten ein Konto eröffnen konnte, ohne dass der Dritte überhaupt jemals darüber einen Hinweis erhielt [7]. Machen wir uns nichts vor, das Ende der Fahnenstange, sprich der Datentrickserei, ist bei weitem noch nicht erreicht. Mit KI-Software für natürliche Spracheingabe und -ausgabe, beispielsweise ChatGPT, in Verbindung mit VALL-E von Microsoft zur Sprachimitation lässt sich der alte Enkeltrick perfektionieren. Welcher älterer Mitbürger über fünfundsiebzig, welchen Geschlechts auch immer, würde da nicht auf eine angebliche Notsituation eines seiner Verwandten oder Freunde reinfallen, und die geforderte Geldzahlungen unter dem psychologischen Druck der vermeintlichen Ereignisse leisten? „Es war doch seine Stimme, die von Hans-Peter…".

Mit dem Identitätsklau und dem Datendiebstahl im Allgemeinen ist eng die Frage nach Sicherheit der Netze verbunden, dem Eigentum von – insbesondere automatisch – generierten Daten, und der Wahrung der Privatsphäre („informationelle Selbstbestimmung") eines jeden Bürgers. Das Datenschutzproblem beginnt schon beim schwungvollen Adresshandel, den Telefongesellschaften wegen der damit einhergehenden Erträge betreiben. Das Bundesdatenschutzgesetz (BDSG) verlangt klar, dass personenbezogene Daten nur mit Einwilligung der Nutzer oder auf gesetzlicher Grundlage an Dritte weitergegeben werden dürfen. Personenbezogene Daten sind nach § 3(1) BDSG-Einzelangaben über persönliche oder sachliche Verhältnisse einer bestimmten oder bestimmbaren natürlichen Person. Ob sich ein unkritischer Antragsteller beim „Kreuzchen machen" über die Tragweite seiner Zustimmung zur Datennutzung durch die Telefongesellschaft voll im Klaren ist, kann bezweifelt werden, zumal das sog. Kleingedruckte eine Rolle spielt. Subtiler wird das Ganze, wenn man die fulminante Weiterentwicklung von Algorithmen und Software mit einbezieht, hier insbesondere die perfektionierte Mehrsprachen-Spracheingabe und Sprachausgabe sowie die teilautomatisierte Bild- und Video-Erzeugung nach freien Text- oder Sprachvorgaben.

Mit vorinstallierten und aktivierten Tracern, beispielsweise denen von Google, vorinstallierten Analyse-Programmen auf Webseiten, mit kostenlos heruntergeladenen Apps für Tablets oder Smartphones und Add-ons mit erweiterter Funktionalität der Browser ist der kommerziell orientierten Datenanalyse ohne jede Zustimmung durch die Internetnutzer Tür und Tor geöffnet. In ein extremes Gegenteil von vermeintlicher Hilfe verkehrt dies das Programm *Web of Trust* (WOT). Es versprach dem Anwender Schutz vor unsicheren Internetseiten *(Malware)*, verknüpfte aber heimlich die Surf- und Datenspuren des Nutzers zu einem Profil, das heimlich an Dritte verkauft wurde. Wie Informatiker vielfach und wie der NDR in einer aufwendigen Recherche aufzeigten, lassen sich anonymisierte Daten sehr wohl – mit etwas technischem Aufwand und hinreichend Vorinformation – re-anonymisieren [8]. „Dadurch lassen sich beispielsweise Rückschlüsse auf Krankheiten, sexuelle Vorlieben oder die finanzielle Situation ziehen, je nach Internetverhalten auch auf Lebensgewohnheiten, Tagesabläufe, Reisen oder Einkäufe von Nutzern." [9].

Diese Entwicklung ist auf breiter Front kaum aufzuhalten oder einzugrenzen. Dies gilt für das digitalisierte Gesundheitswesen und für die von Otto Normalverbraucher genutzten Autos, vollgepackt mit Assistenzsystemen. Im Auftrag von ADAC und FIA nahmen sich IT-Spezialisten europäische Serienfahrzeuge vor, um zu ermitteln, was an Bord gespeichert, welche Daten in den Werkstätten ausgelesen und welche Datenpakete teilweise in Echtzeit an den Hersteller gefunkt werden [10, 11] (Abb. 3.1).

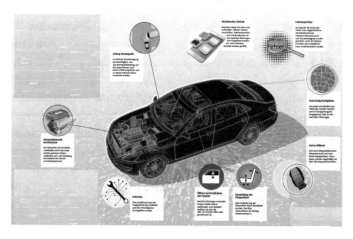

Abb. 3.1   Datenautobahn zum Hersteller, ADAC e. V. [10]

Das Ergebnis ist hinsichtlich des Datenschutzes – Motto: „Wer generiert, der besitzt" - erschütternd und erfordert dringend weitere juristische Klärung. Ein Beispiel gefällig? „Die alte Mercedes B-Klasse etwa übertrug alle zwei Minuten ihre Position inklusive Kilometerstand, Verbrauch, Tankfüllung, Reifendruck, die Füllstände von Kühlmitteln, Wischwasser und Bremsflüssigkeit" [10]. Diese Daten empfing die Mercedes-Benz Group AG, Sitz in Stuttgart. Sie dienen intern vor allem dazu, frühzeitig technische Probleme der gewarteten Fahrzeuge zu entdecken, Monitoring genannt, um langfristig gesehen Rückrufe von Fahrzeugen zu vermeiden, Schadensursachen oder Regress-Fragen bei Unfällen zu klären. Ist dabei wirklich sichergestellt, das Dritte kein Zugriff gewährt wird, wie beispielsweise Zulieferern, KFZ-Versicherern oder anderen Akteuren? Allerdings ist das noch gar nichts gegenüber der Datensammelwut von Tesla. Der Hersteller reichert damit die Datenbasis seiner Autoflotte an, um künftig unter anderem vollautomatisches Fahren zu ermöglichen. Das mag ja alles dafür gut sein für Wartung und Früherkennung von Callbacks, daneben auch für eine zeitgemäße, fahrzeugübergreifende Verkehrslenkung und -steuerung und letztlich für den technischen Fortschritt der Herstellerflotte. Die Kehrseite der Medaille ist nur, ob wir alle unbemerkt den „nackten Kraftfahrer" spielen wollen. Muss der Hersteller neben dem Fahrzeugzustand unser Fahrverhalten detailliert kennen lernen und ein Bewegungsprofil mit Fahren und Parken, Gas geben und Bremsen erstellen können? Muss der Autoversicherer imstande sein, per App den Fahrer als konservativ oder draufgängerisch zu klassifizieren und tariflich entsprechend einzuordnen können, womöglich alles in Echtzeit? Mit Galgenhumor könnte man daran denken, warum dann nicht auch Polizei oder Ordnungsamt Verkehrsrowdies im Straßenverkehr rechtzeitig und ortsgenau durch effektives Monitoring aller Autofahrer stoppen darf. Predictive Analytics heißt die Technik und lässt grüßen, die die Häufigkeit von Fahrfehlern und Unfällen engmaschig durch die Fusion von regionalen Vergangenheits- und Echtzeitdaten ermöglicht. Eng damit verwandt ist das Problem der Vorratsdatenspeicherung von Telekommunikationsdaten, die bis Herbst 2022 von polizeilichen Stellen in Deutschland sehr extensiv eingesetzt wurde. Mit seinem Urteil vom 20.9.2022 hat der Europäische Gerichtshof dem einen Riegel vorgeschoben, da dieses Speichern gegen bürgerliche Grundrechte verstößt.

Das Dumme in der schönen neuen digitalen Welt ist wie in der realen, dass der Gesetzgeber der Kreativität und Ausuferung der sehr kreativen IT nichts rechtzeitig entgegensetzt. Er ist reaktiv und nicht pro-aktiv, kurz „Klempner im Notfall" und nicht Vorsorgender. *Internet der Dinge, Industrie 4.0 und soziale Netzwerke* machen das längst deutlich. Was erforderlich ist und bleibt, ist die stetige Verbesserung von Datensicherheit und -schutz auf allen Ebenen beim Einsatz von Soft- und Hardware, die gezielte, nachhaltige Nutzeraufklärung über Unzulänglichkeiten der IT sowie Monitoring der sozialen Netze in strafrechtlicher Hinsicht. Die digitale Welt erinnert hinsichtlich des Datendiebstahls und des Missbrauchs an Friedrich Schillers Wort „Das eben ist der Fluch der bösen Tat, dass sie fortzeugend immer Böses muss gebären."

Literatur

1. Neuhaus, C. (2016). Angriff im Netz, Der Tagesspiegel, Nr. 22889, 24.09.2016, S. 9
2. von Salzen, C. (2016). Angriff per Mail, Der Tagesspiegel, Nr. 22887, 22.09.2016, S. 4
3. fan (2016). BND Geheime Dienste, Der Tagesspiegel, Nr. 22868, 3.9.16, S. 6
4. Spiegel Netzwerk (2021). Bundestag genehmigt Staatstrojaner für alle, 10.6.2021 (Abruf: 25.3.23).
5. Der Tagesspiegel (2014). Polizei im Haus, Nr. 22106, 17.7.2014, S. 15
6. Seeling, B. (2016). Hilfe, jemand hat meine Identität geklaut, Der Tagespiegel, 4.10.2016, S.9
7. Jahberg, H. (2016). Falsche Facebook-Freunde, Der Tagesspiegel, 20.06.2016, online (Abruf: 1.3.2023)
8. cwe (2016). Nackt im Netz. Der Tagesspiegel, Nr. 22927, 2.11.2016, S. 4
9. Alvarez, S. et al. (2016). Millionen deutsche Internet-Nutzer werden ausgespäht. Wie ist zu verhindern, dassintime Daten öffentlich werden? Der Tagesspiegel, Nr. 22928, 3.11. 2016, S. 2
10. Paulsen, Th. und Stallmann, M. (2016). Datenautobahn zum Hersteller, ADAC e.V., motorwelt, Heft 6 /2016, S. 41–42

11. Kugoth, J. (2023). Datenschutz-Mängel Neue Autos spionieren Nutzer aus, Der Tagesspiegel, Nr. 25361, 9.2023, S. 21

12. HB (2023). Betrugsfall bei der Commerzbank, Der Tagesspiegel, Nr. 25437, 23.11.2023, S. 19

4

Datentrickserei in der Wissenschaft – Ehrlich währt am Längsten

Die Beurteilung von Trickserei in der Wissenschaft setzt einige wenige, allgemeine Grundkenntnisse des Wissenschaftsbetriebs voraus. Unter Wissenschaft (lat. scientia, mittelhochdeutsch wizzen[t]schaft) wird übereinstimmend zum einen die Gesamtheit menschlichen Wissens verstanden, das auf Vermutungen, Erkenntnissen oder Erfahrungen beruht und seit Menschheitsgedenken systematisch gesammelt, aufbewahrt, gelehrt sowie ergänzt oder verworfen wird. Das wissenschaftliche Forschungsinteresse wird geprägt vom Erkenntnisgewinn durch Denkvorgänge und reale sowie virtuelle Experimente, um Eigenschaften zu erkunden und kausale Zusammenhänge sowie Gesetzmäßigkeiten in Natur, Gesellschaft und Wirtschaft zu verstehen und Voraussagen zu treffen. Da Wahrheitsbeweise in den Natur-, Geistes- und Sozialwissenschaften und in der Technik nicht möglich und logisch ausgeschlossen sind, stehen wissenschaftliche Aussagen immer unter dem Vorbehalt der Falsifizierbarkeit im Sinne von Popper. Denn

H.-J. Lenz, *Manipulationen und Moneten – Datentrickserei im digitalen Zeitalter,* https://doi.org/10.1007/978-3-658-43848-7_4

beweisen lässt sich nur, dass ein Aussage im Widerspruch zu gemachten Annahmen steht. Man denke beispielsweise nur an die Ablösung des geozentrischen Weltbilds der Griechen durch das heliozentrische von Kopernikus, die Erweiterung der Newtonschen Mechanik durch Einsteins Relativitätstheorie oder Ansätze, Gravitation und Quantentheorie widerspruchsfrei, falls überhaupt möglich, in einem einheitlichen Weltbild zu vereinheitlichen.

Zum anderen wird Wissenschaft auch als ein methodisch orientierter Prozess aufgefasst. Dabei macht das Denken mit deduktiven, abduktiven oder induktiven Schlüssen Gebrauch von Begriffen, Annahmen und Axiomen, Hypothesen, Gesetzen und Theorien im Wechselspiel mit Ideen, Beobachtungen und geplanten Experimenten. „Beweise" im Sinne von Bestätigungen von Hypothesen oder Theorien und Gegenbeweise zum Falsifizieren von Aussagen spielen bei Gedankenexperimenten und Schlussfolgerungen die entscheidende Rolle. Das intersubjektiv überprüfbare Forschen führt im idealen Fall zu abgesicherten und im Kontext seiner Bedingungen schlüssigen Aussagen über den Gegenstandsbereich in Form von Sätzen als Wissenserwerb. Man denke hier nur an den Begriff *Energie,* dessen jahrhundertelange Diskussion Einstein auf den Punkt mit $E = mc^2$ gebracht hat. Der Erkenntnisgewinn muss allerdings kommuniziert oder publiziert werden, überprüfbar sein sowie bestimmten wissenschaftlichen Kriterien und Standards genügen. Die Erfahrung hat gezeigt, dass nur so der Anspruch quasi objektiver, allgemeiner und überpersönlicher Gültigkeit geltend gemacht werden kann. Hier zeigt sich beispielsweise der Unterschied zwischen Astrologie und Astronomie. Schließlich führt die Notwendigkeit der Wissenschaftskommunikation zu verschiedenen Medien, über die Forschungsergebnisse sich verbreiten lassen. Dazu gehört zuerst einmal das klassische Veröffentlichen, das Publizieren, sei es als Buch in einer Reihe eines wissenschaftlichen Verlags oder als Artikel in einem Sammelwerk oder einer Fachzeitschrift. Im Idealfall kümmern sich ein Herausgeberkollegium und mindestens zwei Gutachter („Referees") gemeinsam darum, ob die Studie neue Forschungsergebnisse enthält oder nicht, und um die Einhaltung wissenschaftlicher Standards.   Hinzukommt Forschungsergebnisse auf einschlägigen Seminaren, Tagungen, Workshops u. ä. vorzutragen, die wissenschaftliche Fachgesellschaften üblicher Weise turnusmäßig veranstalten. Dies wird ergänzt um die Herausgabe von Proceedings, die erste Forschungsergebnissen dem Fachpublikum vorstellen. Hinzutreten in jüngster Zeit Publikationsangebote gegen Entgelt im Internet sowie seit Internetbeginn die Publikationen von Manuskripten im Selbstverlag beispielsweise als eBook. Auf Pseudoverlage und Fake-Journale gehen wir im Folgenden und ausführlich in Kap. 13 ein.

Soweit die hehre Welt der Wissenschaft, eine Sicht, die seit eh und je leider nicht ganz der Realität entsprach, nach wie vor nicht entspricht und wohl leider auch künftig nicht entsprechen wird. Denn neben das generische Motiv Erkenntnisinteresse der Wissenschaft treten Prestigegewinn („Das Verdienst") und/oder Geldgier („Der Verdienst") der am Wissenschaftsbetrieb Beteiligten. Wir kommen auf diese Thematik in Kap. 13 ausführlich zurück. Beschränken wir uns an dieser Stelle auf rein profitorientierte Pseudokongresse, organisiert von unbekannten Veranstaltern und oft ohne akademisches Programmkomitee, Angebote in dubiosen Online-Journalen – gegen Vorkasse versteht sich, sowie nicht begutachtete (englisch Peer to Peer) Eigenpublikationen im Internet. Hierbei bildet die Publikation einer Dissertation üblicher Weise eine Ausnahme. Denn sie stellt für Doktoranden und Doktorandinnen eine preiswerte Möglichkeit dar, ihre Publikationspflicht, auferlegt durch die jeweilige Fakultät, zu erfüllen. Im Übrigen haben mindestens zwei „Doktorväter" die Arbeit bereits begutachtet, mindestens mit der Note *rite* bewertet und die Prüfungskommission der betreffenden Fakultät hat der Annahme der Arbeit und der Drucklegung zugestimmt.

Die Tatsache, dass beim Publizieren geschummelt und plagiiert wird, ist dem Publikationsdruck („Publish or perish", also „Veröffentliche oder gehe unter") geschuldet, dem einige Wissenschaftler wegen der jährlichen Evaluierung durch ihre Institution alljährlich unterliegen. Dabei gilt es zu berücksichtigen, dass Forscher überwiegend lohnabhängig und damit weisungsabhängig sind, obwohl gemäß Grundgesetz der Bundesrepublik Deutschland die Freiheit der Wissenschaft ein Grundrecht ist, Art. 5 (3). Besonders krass sind in diesem Kontext kolportierte Anweisungen von Chef- und Oberärzten an ihre jungen Doktoranden bei eingeworbenen Projekten im klinischen Bereich. Zum Repertoire gehören beispielsweise gezielt weitere Proben zu nehmen oder die Irrtumswahrscheinlichkeit des Fehlers erster Art, Schwellenwerte bzw. Prüfgrößen passend zum erhofften Ergebnis abzuändern, um „die Prüfhypothese eines überlegenen neuen OP-Verfahrens oder Medikaments zu bestätigen". Aus diesem Blickwinkel heraus erscheint das Siegel „Klinisch getestet" doch manchmal etwas fragwürdig. Wie weit sich Wissenschaft vom Grundsatz „Rerum cognoscere causas" entfernen kann, soll im Folgenden aufgezeigt werden. Dabei bildet der medizinische und psychosozialwissenschaftliche Bereich keine Ausnahme. Es dürfte aber klar sein, dass die Grenze zwischen methodischer Ignoranz, Schlamperei, Schwindelei und vorsätzlicher Betrug in Einzelfällen nicht immer klar zu ziehen ist.

Der Datenbetrug umfasst, wie oben erwähnt, die vier großen Bereiche Diebstahl, Plagiieren, Manipulieren und Fabrizieren. Der Datendiebstahl spielt wegen weitgehender

Seltenheit im Wissenschaftsbereich, im Gegensatz zu Politik, Militärwesen und Wirtschaft, keine so große Rolle. In Kap. 3 haben wir uns mit letzterem bereits befasst. Plagiieren ist in Deutschland insbesondere durch die Fälle von Guttenberg, Schavan und Giffey „populär" geworden, nur um einige Politiker unter den Täuschern zu nennen, die sich zu Recht dem Vorwurf des Diebstahls geistigen Eigentums ausgesetzt sahen. Dennoch haben Plagiate in Kunst und Wissenschaft immer schon eine gewisse Tradition, auch als Selbstplagiate, wie der Fall der Stammzellenforscherin H. Obokata zeigt [1]. Ihr wird eine Art von „Photoshop-Mentalität" zur Last gelegt, da sie eigene bereits veröffentlichte Fotos überarbeitet und zum „Beweis" neuer Forschungsergebnisse erneut veröffentlichte. Nicht ganz unähnlich war der spektakuläre Fall des deutschen Nanophysikers J. H. Schön. Seinen Kollegen von den Bell Labs, New Jersey, USA, fiel nach einem Hinweis auf, dass einige Messkurven, die Schön zusammen mit anderen in der Fachzeitschrift *Science* veröffentlichte, aus seinen früheren Experimenten stammen [2].

Plagiieren hat Tradition, wenn man so will. Legt man heutige Wissenschaftsstandards an, was zugegebener Maßen bei den folgenden Fällen wissenschaftshistorisch durchaus infrage gestellt werden kann, so kann man das Vorgehen des berühmten Griechen Hipparchos kritisieren, der im zweiten Jahrhundert v. C. einen Sternenkalender publizierte, dessen Teile aus Datenquellen der Babylonier stammte [3]. Ironischerweise wurde er selbst Plagiat-Opfer. Denn etwa zweieinhalbhundert Jahre später nutzte Ptolemäus die Daten von Hipparchos und gab vor, diese selbst gesammelt zu haben [4].

Aber auch Heroen der Mathematik sind von gewissen Unredlichkeiten nicht ganz verschont, wie der Fall Bernoulli und de L'Hospital zeigt [5]. Johann Bernoulli brachte sich Mathematik nach einer Kaufmannslehre und eines Medizinstudiums selbst bei. Als Professor an der Uni Groningen unterrichtete er gegen Entgelt den Marquis G. de L'Hospital auf dem Gebiet der Differenzialrechnung. Den Unterricht setzte er später fort, indem er ihm seine Skripte schickte. 1696 publizierte de L'Hospital die ersten Lecture Notes über Differentialrechnung unter dem Titel „Analyse des infiniment petits" ohne J. Bernoulli mit einem Wort überhaupt zu erwähnen. Erst im zwanzigsten Jahrhundert wurde das Plagiat des Franzosen entdeckt.

Da wir uns im Folgenden vornehmlich mit Datenmanipulationen beschäftigen werden, werfen wir vorab noch einen kurzen Blick auf die *Datenfabrikation.* Hier werden Daten nicht mühsam gesammelt oder Experimente personal-, kosten- und zeitaufwendig durchgeführt, sondern der Datenfabrikant denkst sich die Daten am grünen Tisch aus – fabriziert sie nach Gusto selbst. Wie einfach die Datenfabrikation im digitalen Zeitalter geworden ist, zeigt der Fall eines angehenden Mediziners an der Uniklinik Köln vor einigen Jahren, über den der Spiegel berichtete. Der Forscher erstellte eine neue Abbildung aus zweiundzwanzig kopierten Messkurven früherer elektrophysiologischer Experimente [6]. Der Sozialpsychologe D. A. Stapel, Univ. Tilburg, gilt als ein besonders krasses Beispiel eines Datenfabrikanten, wenn man so will als ein „Intensivtäter". Er führte etliche seiner empirischen Studien überhaupt nicht durch, sondern erfand die Daten „am grünen Tisch" [7]. Dazu gehört die oft kolportierte Arbeit, die bei studentischen Probanden „herausgefunden" zu haben vorgab, dass „Viel Fleisch essen dazu führt, aggressiver zu seinen Mitmenschen zu sein" (Abb. 4.1).

In vergleichbarer Weise verstieß der australische Verhaltens-Psychologe Cyril Burt gegen jeden wissenschaftlichen Anstand. Seine Intelligenzstudien an Zwillingen, beginnend in den vierziger Jahren, zeigten gravierende methodische Fehler, waren rassistisch geprägt und wiesen systematische

Self and Identity, 10: 166–184, 2011
http://www.psypress.com/sai
ISSN: 1529-8868 print/1529-8876 online
DOI: 10.1080/15298861003680117

ψ Psychology Press
Taylor & Francis Group

Measure by Measure: When Implicit and Explicit Social Comparison Effects Differ

SASKIA A. SCHWINGHAMMER

Wageningen University, Wageningen, The Netherlands

DIEDERIK A. STAPEL

TIBER, Tilburg University, Tilburg, The Netherlands

This study demonstrates that the structure of social comparison effects depends on the type of activated self-cognitions and the type of measure that is used. When neutral or negative self-cognitions are activated, social comparison information is processed defensively (both upward and downward comparison standards lead to positive explicit self-ratings). On an implicit level, however, upward comparison standards increase negativity. When positive self-cognitions are activated, explicit self-ratings show non-defensive contrast effects (upward standards lead to negative self-ratings and downward standards lead to positive self-ratings). On an implicit level no negative consequences. The results suggest that social comparison effects can manifest themselves in different forms, and that these will paint different pictures of the social comparison effects. Thus, it is argued that future social comparison research should incorporate both explicit and implicit measures.

Keywords: Social comparison; Self-activation; Self-regulation; Self-processes; Self-evaluation maintenance; Implicit explicit measures.

To find out how people react to certain situations, one could simply ask them. And, indeed, this is how most personality and social psychological researchers assess the effects of situational influences on the self. However, an ever-increasing wealth of research shows that people's self-evaluations are not always the result of processes that lead to the most veridical or truthful self-images (Beauregard & Dunning, 1998;

Abb. 4.1 Eine von den zurück gezogenen Publikationen von D. A. Stapel [28]

Datenselektion (sog. Sampling Bias) auf. Das wurde erst nach Burts Tod 1971 aufgedeckt. Seine Fälschungen führten ihn zu absurden rassistischen Aussagen [8]. Die „Theorie", dass 75 % der menschlichen Intelligenz genetisch kodiert sei, gehört mit dazu. Abschließend sei der Hinweis gestattet, dass den Markt- und Meinungsforschungsinstituten das Risiko der Datenfabrikation durch ihre Interviewer wohl bekannt ist; es kommt vor, dass die eingesetzten Interviewer eigenhändig Interviewer-basierte Fragebögen ausfüllen, was „zum Geschäft" gehört. Sie sparen sich damit erhebliche Zeit, Umfrage-Teilnehmer mit vorgegebenen sozio-ökonomischen Merkmalen (Quoten) wie „Rentnerin, Nicht-Raucherin, Brüsseler Kiez, Berlin-Wedding, unter 75 Jahren" zu finden. Mit dieser Suche hatte sich der Autor als studentischer Praktikant im Marketing befasst. Es kann durch Auswahl der Interviewer, Schulung, Überprüfung und Kontrolle sowie Validierung aller ausgefüllten Fragebögen weitestgehend unterbunden werden.

Wir beschränken uns im Folgenden auf die Manipulation von Daten im Wissenschaftsbereich. Hier sind Manipulationsart und -weise so mannigfaltig, dass es schier unmöglich erscheint, dies gestrafft darzustellen. Da Datenmanipulationen in allen Phasen einer Studie oder eines Forschungsprojekts vom Start bis zum Abschluss auftreten, bietet es sich an, dies als roten Faden für die folgenden Ausführungen zu nehmen. Die Manipulationsmöglichkeit beginnt bereits bei der drittmittelfinanzierten Projektakquisition und Festlegung der Forschungsziele. Sie besteht weiterhin bei der Beschaffung von Beobachtungsdaten und bei der Art der Durchführung der Versuche, um zu experimentell ermittelten Daten zu gelangen. Wir finden sie bei der Datenauswertung, der Visualisierung der Daten und vor allem bei der Interpretation der Ergebnisse aufgrund von Bewertungsspielräumen, die Datenanalytiker und Fachleute haben. Letztlich können Verwerfungen auch in der Phase der Veröffentlichung auftreten, wie noch weiter unten erörtert wird.

Wenden wir uns zunächst der Phase *Projektstart* zu. Wenn Pharmaunternehmen im Hinblick auf die Wirksamkeit von Medikamenten oder Smartphone-Hersteller auf die Schädigung von Gehirnzellen durch elektromagnetische Wellen einen Forschungsauftrag an eine Universitätsklinik vergeben, wird im ersten Fall eher ein positives, im zweiten Fall eher ein negatives Ergebnis erwartet. Dies kann im Sinn der Kahnemann-Tversky-Theorie zum *Framing* der Aussagen bei den beteiligten Wissenschaftlern führen, was nichts anderes ist, als dass sich Vorurteile verfestigen. Die Projektmitarbeiter werden ungewollt auf ein vorweg gewünschtes Forschungsergebnis ausgerichtet. Ganz abgesehen davon, dass die Zuwendung finanzieller Mittel in der angewandten Forschung eine verzerrende Erwartungshaltung der Akteure hinsichtlich der Ergebnisse verursachen kann. Wir kommen auf Fälle perfiden Missbrauchs der Auftragsforschung in Kap. 13 zurück. Pointiert kennzeichnete Goethe dies mit seinem Wort „Wenn du eine weise Antwort verlangst, musst Du vernünftig fragen."

Wenden wir uns der Datenbeschaffung im wirtschaftlichen Umfeld zu. Greifen wir die Ökonometrie beispielgebend heraus. Als empirische Wirtschaftsforschung überprüft sie ökonomische Theorien, Hypothesen und Modelle anhand von Wirtschafts- und Gesellschaftsdaten mittels mathematisch-statistischer Verfahren. Sie nutzt überwiegend Daten statistischer Ämter und Bundes- oder Zentralbanken sowie supranationaler Behörden wie EuroStat, OECD, IMF, Weltbank usw. in Form von Zeitreihen volks- oder weltwirtschaftlicher Aggregate. In den makroökonometrischen Studien werden diese zusammengeführt und kreuzkorreliert. So versuchen etliche Studien die Hypothese zu prüfen, ob der kurzfristige US-Geldmarktzinssatz den deutschen kausal beeinflusst [9]. Ganz gleich, welcher Zeitraum ausgewählt wurde, wie die Zeitgranularität (Jahres, Wochen-, Monats- oder Vierteljahreswerte) festgelegt oder welche anspruchsvolle Zeitreihen-Modellklasse spezifiziert wurden, die Analysen nutzen nur die amtlich verfügbaren Beobachtungsdaten. Damit geht ein fundamentales Erkenntnisproblem einher. Denn seit den neunziger Jahren besteht Konsens unter Wissenschaftlern darüber, dass Kausalität zuverlässig nur mittels geplanter Experimente, also nur mittels Versuchs- und Kontrollgruppe, nachweisbar ist [10, 11]. Denn nur so lassen sich systematische Fehler und Verzerrungen vermeiden. Allerdings muss eingeräumt werden, dass echte Experimente mit Versuchs- und Kontrollgruppe in der Wirtschaft und auf volks- und weltwirtschaftlichen Niveau nicht durchführbar sind. Die Existenz virtueller Märkte und die fortschreitende Digitalisierung der Wirtschaft stellen diese Unmöglichkeitsannahme zunehmend infrage.

Die Unzulänglichkeit einer methodisch fragwürdigen oder gar fehlerhaften Vorgehensweise zeigt Googles spektakuläres Projekt „Google Flu Trends" [12]. Google wollte ab etwa Mitte 2000 den Beginn einer Grippe-Epidemie früher voraussagen als die US-Gesundheitsbehörde. Die Grundidee war schlicht, im Angesicht von täglich Millionen von Google Nutzern und von etwa fünfzig Mio. Suchanfragen/Woche diesen Datenbestand mit den in den sozialen Netzwerken frei zugänglichen Daten zu verbinden und komplett nach zweckdienlichen Suchmerkmalen (Selektoren, Schlüsselwörtern) auszuwerten – Google glaubte ja, den vermeintlichen Zugriff auf $N=$ ALL Daten zu haben. Vereinfacht ausgedrückt musste Google rechtzeitig die Zunahme des Auftretens von Wörtern in Tweets oder Suchanfragen im Netz wie „Bin krank", „Fieber", „Elend", „Kopfschmerzen", „Gliederschmerzen" usw. - natürlich im Jargon der jeweiligen Communities – erkennen. Dies gelang der Forschergruppe von Google 2008 überzeugend [13]. In Googles Jargon sprach man fortan stolz von „nowcast" statt von „forecast". Das Ende des Projekts kam allerdings abrupt bereits fünf Jahre später, als Google die Epidemiespitze um satte 140 % verpasste. Was war da geschehen [13]? Googles Datenbeschaffung beruhte in 2013 wie fünf Jahre zuvor nicht auf sorgfältig geplanter Stichprobenziehung, noch traf tatsächlich $N=$ ALL zu. Denn Google erfasste in der Auswahlgesamtheit nur eine echte Teilmenge der Grundgesamtheit *gesamte US-Bevölkerung*. Alle US-Bürger ohne Mitgliedschaft in sozialen Netzen, ohne SMS-Aktivität, ohne Registrierung bei Twitter usw. waren von vornherein ausgeschlossen. Wer von den Lesern dieses Buches über 65 Jahren und welche Kleinkinder verschicken schon Tweets, noch dazu Informationen über ihre Krankheiten? Eine solche systematische Verzerrung, also die Untererfassung einer Grundgesamtheit, „Sampling Bias" genannt im Fachjargon, ist unter Statistikern wohlbekannt und spätestens seit den dreißiger Jahren methodisch im Griff. Schmunzelnd kann man als Statistiker anfügen, vielleicht wären doch $n = 3500$ Fälle einer gut geplanten Stichprobe von US-Bürgern besser gewesen, so wie es das Meinungsforschungsinstitut Gallup seit Jahrzehnten vormacht. Oder wie B. Efron, emeritierter Statistiker an der Universität Stanford, es auf den Punkt brachte: „Those who ignore Statistics are condemned to reinvent it." Eine gewisse Ahnungslosigkeit und Naivität gegenüber ökonomischen Daten kann der Autor den Informatikern und Ingenieuren, mit denen er beruflich viel zu tun hatte, nicht ersparen. Nur zwei typische Fälle dazu seien angefügt. Auf der internationalen Tagung in Warwick im Jahr 1973 über „Dynamic Modelling and Control of National Economies" vertrat ein hochrangiger Raumfahrtingenieur der NASA in der Diskussion nach einem Vortrag mit ökonometrischen Inhalt die Meinung, mit den modernen Methoden der Raumfahrt, hier Zustandsraummodellen inklusive linearen Reglern, ließen sich alle Daten- und sonstigen Probleme bei der Wirtschaftsprognose und -steuerung einfach beheben. Der spätere Nobelpreisträger der Wirtschaftswissenschaft, Lawrence Klein, hielt ihm entgegen, dass allein schon die Datenerfassung im Gegensatz zur Raumfahrt Interessen-gebunden wäre. Er verdeutlichte dies an der Zeitreihe „Monatliche Arbeitslose in UK 1945–1972", einmal erfasst von der Regierung im Vereinigten Königreich und einmal von den britischen Gewerkschaften. Während beide noch einigermaßen hinsichtlich der Frequenz und Phase der Monatsraten übereinstimmten, lagen die gewerkschaftlichen Daten stets im Niveau höher. Warum wohl? Die Frage, welche Datenquelle für eine Studie besser geeignet sei, ist ohne Kenntnis des Untersuchungsziels und der zugrunde liegenden Forschungsinteressen objektiv nicht entscheidbar. Während unterschiedliche Daten im selben Kontext zu verschiedenen Aussagen führen können, sind im folgenden Fall aus Mitte der achtziger Jahre die Daten sogar identisch, die daraus gezogenen Schlussfolgerungen diametral. Die Deutsche Forschungsgemeinschaft (DFG) genehmigte in den achtziger Jahren zwei konkurrierenden Forschungsgruppen je ein Forschungsprojekt über das Arbeitnehmerverhalten auf dem deutschen Arbeitsmarkt. Auf Druck der projektfördernden DFG mussten sich die beiden Gruppen auf eine gemeinsame Datenerhebung einigen. Trotz des identischen Datenmaterials wurden die gegensätzlichen Forschungshypothesen beider Projekte letzten Endes „bestätigt": Das Berliner Projekt um den damals bekannten Wissenschaftler B. Strümpel, Freie Universität Berlin, vertrat die These, dass Arbeit krank mache, während das Institut von Professor Noelle-Neumann, Allensbach, belegte, dass deutsche Arbeiter faul wären. Zulässiger Interpretationsspielraum, Trickserei oder „How to lie with Statistics?" – jedem sei freigestellt, das für sich zu beantworten. In den genannten Projekten war mit Sicherheit die Ergebnisinterpretation aus subjektiver, a-priori unterschiedlicher Weltsicht ursächlich für die divergierenden Ergebnisse. Wie sagen doch die Juristen gerne: „Im Auslegen sei frisch und munter, legst Du nicht aus, so leg was unter!" Der Furor um beide Studien unterstreicht allerdings auch, dass Wissenschaft spekulativ sein sollte, um breite Beachtung zu finden.

Systematische Stichprobenfehler und zu geringe Fallzahlen führen bei empirischen Studien in sehr subtiler Weise zu falschen Aussagen. Dies kann man beispielsweise gut an der Krebsstudie des Molekularbiologen Séralini aufzeigen. Die Langzeitstudie mit Versuchs- und Kontrollgruppe zeigte, dass Ratten erhöht Krebs bekommen und früher sterben, wenn sie mit der gentechnisch veränderten Maissorte NK603 vom US Unternehmen Monsanto gefüttert werden [14]. Dem Wissenschaftler warf die Fachzeitschrift *Food and Chemical Toxicology* vor, dass die Studienergebnisse zwar nicht inkorrekt, aber auch nicht beweiskräftig, „statistisch nicht belastbar", wären. Séralini hatte Ratten eingesetzt, deren Krebsrisiko von vornherein erhöht war und seine Fallzahlen waren zu klein, weil er so viele Untergruppen bildete, dass die Anzahl männlicher bzw. weiblicher Ratten je Gruppe letztlich unter zehn statt wie internationalen Richtlinien entsprechend über fünfzig lag. Die Unterschiede zwischen behandelten und unbehandelten Tieren hätten daher auch zufällig sein können. Das Fachjournal zog daraufhin auf Drängen seines Chefredakteurs die Publikation zurück. Da wohl kein Fehlverhalten des Wissenschaftlers in Form von Vorsatz oder (grober) Fahrlässigkeit vorlag, mutet die Rücknahme der Publikation ungerechtfertigt an, worauf Organisationen wie Retraction Blog und GM Watch hinwiesen [15]. Wie immer in solchen Fällen ist eine Einflussnahme der Industrie nicht auszuschließen.

Kommen wir nun zur Auswertung von erhobenen Daten, die als Zähl- oder Messwerte vorliegen. Ganz bewusst erinnern wir vorweg an den stets vorhandenen Interpretationsspielraum bei der Datenanalyse, wie dies die Kontroverse Strümpel gegen Noelle-Neumann aufzeigte. Werfen wir zuerst einen Blick auf die Gesundheitsfürsorge, die zunehmend mit „High Tech" und „Künstlicher

Intelligenz" (KI) im Rahmen von „Digital Health" unterstützt wird. Ein großes Problem stellt dabei die Festsetzung von Grenzwerten für die Beurteilung dar, beispielsweise von Zuckerkrankheit, Cholesterin und Krebs anhand von Labordaten. Lag der Grenzwert für Cholesterin
im Blut 1967 bei 300 mg/d*ll*, wurde er 1998 auf 200 ge-
senkt [16], und von der Europäischen Kardiologenvereini-
gung in 2005 auf 199 festgesetzt [17]. Der Tendenz fal-
lender Cholesterin-Grenzwerte könnte ärztliche Fürsorge
im Rahmen der Vorsage entsprechen, zu beachten ist aber,
dass mit der letztgenannten Absenkung einhergeht, dass
damit 75 % (!) der deutschen Bevölkerung für erkrankt
eingestuft werden. Das Interesse der Pharmaindustrie an
niedrigen Grenzwerten liegt auf der Hand.

Ähnlich differenziert ist die Lage bei der Früherkennung von Prostatakrebs mittels PSA-Test zu sehen. Das
Verfahren ermittelt die Konzentration des prostataspezifi-
schen Antigens (PSA) im Blut und beurteilt allein diesen
Wert im menschlichen Körper. Bis in die Mitte der neunziger Jahre rieten die Hausärzte bei „hohem" (die Skala ist
wie die Richter-Skala für Erdbebenstärke nach oben offen)
oder jährlich „stark gestiegenem" PSA-Wert zur OP oder
zur Bestrahlung der Prostata. Erst eine große europäische
Studie (ERSPC) mit randomisierter Beobachtungs- und
Kontrollgruppe, die seit 1993 läuft, brachte neue Einsichten: Erstens waren rund 40 % der diagnostizierten Fälle
überdiagnostiziert und hätten zu eigentlich vermeidbaren
Nebenwirkungen wie Inkontinenz und Impotenz führen
können [18]. Zweitens wurden im gleichen Zeitraum 27
Männer therapiert, um einen Todesfall in dreizehn Jahren
zu verhindern.

In der Datenauswertung ist es besonders schwierig
zwischen betrügerischer Absicht, Schummelei, Tricks
und Kniffen sowie zwischen Unterlassungen und fachli-
chen Unzulänglichkeiten zu unterscheiden. Einen breiten

Überblick über Datentrickserei an der Forschungsfront erbrachte im Jahr 2005 die Martinson-Anderson-de Vries-Studie. Sie untersuchte das Ausmaß von wissenschaftlichem Fehlverhalten der Biologen, Chemiker, Ingenieure, Mediziner, Physiker und Sozialwissenschaftler in den Vereinigten Staaten von Amerika. Sie alle hatten Fördergelder von den National Institutes of Health bekommen [19]. Die sauber geplante Befragung war zwar ein Selbstbericht, aber immerhin anonym und standardisiert. Sie beinhaltete insgesamt sechzehn Verfehlungsarten, hatte einen Untersuchungszeitraum von drei Jahren und unterschied zwischen Nachwuchs- und erfahrenen Wissenschaftlern etwa zu gleichen Teilen. Die Rückantwortquote lag bei knapp 42 % von $n = 3247$ befragten Wissenschaftlern. Einige bemerkenswerte Ergebnisse sind die folgenden [19]: 15,5 % änderten die Studienplanung, -methoden oder -ergebnisse auf Druck der Geldgeber – hier lagen die Nachwuchswissenschaftler mit 9,5 % zu 20,6 % hinten. 15,3 % entfernten gefühlt falsche Daten. 13,5 % planten die Studien falsch. 10,8 % hielten Details von Methoden und Daten zurück. Etwa 6 % gaben Mehrfachpublikationen und Plagiate zu. Wie immer wieder bei empirischen Studien zu beobachten, waren Daten im Nachhinein nicht verfügbar, hier hatten 27,5 % die Daten unzureichend archiviert, ein in beiden Wissenschaftlergruppen nahezu identisches Ergebnis. Bei diesem Viertel der Studien lassen sich die Ergebnisse später nicht mehr überprüfen. Dies erregt Verdacht und ist in jedem Fall ärgerlich, weil es ein Verstoß gegen das Prinzip „Reduplicatio est mater scientiae" ist. Bekanntlich sind Wiederholbarkeit und Überprüfbarkeit eherne Grundsätze aller wissenschaftlichen Beobachtungen oder aller Experimente, die es Dritten erst ermöglichen, empirische Studien in vergleichbarer Weise zu wiederholen und deren Ergebnisse zu überprüfen. Zugegebener Weise sind Wiederholungsversuche eher lästig, sind weniger attraktiv als Originalstudien und leiden bei positivem Ergebnis, also Studienfälschung, zu Unrecht unter dem Verruf der Nestbeschmutzung.

Es ist nicht verwunderlich, dass eine weitere anonymisierte Befragungsstudie aus 2013, durchgeführt an zweitausend US-Psychologen von L. John, Harvard Business School, zu vergleichbaren Ergebnissen führte. Darüber berichtete deren Fachjournal. Unter dem Titel „Seven Shades of Grey" wird angeführt [20]: 58 % gaben an, schon einmal weitere Daten beschafft zu haben, wenn die bisherigen Ergebnisse „nicht signifikant" waren. 43 % bzw. 27 % eliminierten Messwerte als Ausreißer bzw. einen Teil der Experimente, um Effekte zu verbessern. 35 % gaben überraschende Ergebnisse in der Publikation als so erwartet aus. 23 % sorgten für ein signifikantes Ergebnis durch zweckmäßiges Abändern der Daten. Wie sagen Spieler doch? Corriger la fortune.

Hier ist der Fall des späteren Nobelpreisträgers für Physik Robert Millikan zu nennen. Im Gegensatz zu seinem ehrlichen deutschen Konkurrenten Felix Ehrenfeld veröffentlichte er nur die besten 58 von 180 Experimenten zur elektrischen Ladung von Teilchen, gaukelte damit eine höhere Präzision seiner Messungen vor, und erzielte mit der Schummelei eine bessere Übereinstimmung mit der Theorie [21]. Seine experimentelle Auswahlverzerrung wurde erst später aufgedeckt, da die Ergebnisse mit damaliger Messtechnik nicht reproduzierbar waren. Wie Rüschemeyer in der Frankfurter Allg. Sonntagszeitung ergänzend berichtet [20], fiel 2012 in einer Studie des Fachblatts *Quartely Journal of Experimental Psychology* auf, dass bei Veröffentlichungen in drei Fachzeitschriften innerhalb eines Jahres eine Häufung von sog. p-Werten auftrat, die knapp unterhalb der Signifikanzschwelle (von fünf Prozent) lagen. Wogegen bei Werten knapp über dem Grenzwert eine Lücke klaffte. p-Werte werden üblicherweise als Wahrscheinlichkeiten für die Plausibilität eines Effekts

unter der Annahme, dass die zu prüfende Hypothese zu-
trifft, interpretiert. Der Autor bemerkt dazu „Ein Schelm,
wer Böses dabei denkt." [20]. Nahezu in dieselbe Richtung
geht ein Beitrag von dem Wissenschaftler J.P.A. Ioannides aus dem Jahr 2005, [22]. Vorab können wir allen Forschern, insbesondere den sog. Datenanalysten, die induktiv
aus Daten Schlüsse ziehen, nur raten, diese Arbeit zu lesen.
Ioannides stellt heraus, dass drei Wahrscheinlichkeitspa-
rameter eine entscheidende Rolle spielen, ob ein empiri-
sches Forschungsergebnis wahr ist oder nicht. Es sind dies
der Prästudien-Odds-Wert R oder die Wahrscheinlichkeit
$R/(1+R)$ einer Studie, dass eine Hypothese wahr ist, die
Schärfe des statistischen Tests, $1-ß$, und das Signifikanzniveau des Tests α. Diese kennzeichnet die Wahrscheinlichkeit für den Fehler 1. Art bei einem Test, der darin besteht,
die Prüfhypothese irrtümlicher Weise abzulehnen – also
einen Effekt oder einen Zusammenhang zu finden, wenn
in Wirklichkeit keiner existiert. Sieht man vereinfachend
von systematischen Verzerrungen (Bias) einer Studie ab, der
Leser denke an den Google Fall, so folgt als Post-Studien-
Wahrscheinlichkeit für einen wahren positiven Effekt nach
Ioannides $PPV=(1-\beta)R/(R+\alpha-\beta\,R)$. β ist die Wahrscheinlichkeit für den Fehler 2. Art, die Prüfhypothese irrtümlicher Weise anzunehmen. Oder anders ausgedrückt,
$1-\beta$ ist die Wahrscheinlichkeit, in einer Studie einen Effekt zu finden, wenn er auch wirklich vorliegt. Stellt man
in einer Vierfeldertabelle die Wahr/Falsch-Effekte den Ja/
Nein-Entscheidungen gegenüber, so erkennt man die Rela-
tion $(1-\beta)$ R $>\alpha$. Üblicherweise wird in Studien $\alpha=5\,\%$
gewählt. Es sei z. B. die Schärfe $1-\beta=60\,\%$ und der Prästudien-Odds-Wert $R=4{:}5$. Dann geht die Wahrscheinlichkeit, einen wahren positiven Poststudien-Effekt *(PPV)*
zu erkennen, auf unter 91 % zurück (Abb. 4.2).

Noch unbefriedigender und damit anfälliger gegenüber
Trickserei wird die gesamte Situation, wenn anhand eines

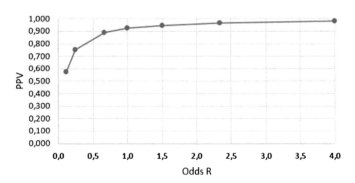

Abb. 4.2 Wahrscheinlichkeit PPV, einen wahren Studieneffekt in Daten zu finden, für Prästudien-Oddswerte $0 < R \leq 4$. ($\alpha = 5\,\%$, $\beta = 40\,\%$) (Eigendesign)

Datensatzes mehrere alternative, sich ausschließende Hypothesen getestet werden sollen. Dies ist beispielsweise der Fall, wenn in der Ökonometrie mittels einer Stichprobe alternative Regressionsmodelle, die die Konsumquote in Abhängigkeit vom Volkseinkommen einer Periode erklären oder in der Informatik das Laufzeitverhalten konkurrierender Algorithmen anhand von Benchmarks (Sammlung von Fällen einer Problemklasse) mittels Signifikanztests („Wer ist der beste Algorithmus"?) geprüft werden sollen. Im letzten Beispiel wird jeder Algorithmus durch seine mittlere Laufzeit und – selten – ergänzt durch dessen Standardabweichung, ermittelt aus den Testdaten aller Experimente, charakterisiert. Angenommen, es seien k Alternativen vorgegeben und das (nominelle) Signifikanzniveau eines einzelnen Tests sei wie üblich $\alpha = 0{,}05$. Die Wahrscheinlichkeit α' einen Laufzeitunterschied zu finden, wenn in Wahrheit keiner existiert, ist dann bei k Hypothesentests $\alpha' = 1 - (1 - \alpha)^k > \alpha$. Wenn man beispielsweise nur $k = 5$ Tests mit denselben Daten durchführt, so folgt als Ablehnungs-Wahrscheinlichkeit „Mindestens einmal abzulehnen, wenn die Hypothese stimmt" der zu große Wert α' = 22,6 %. Offensichtlich wird die Prüfhypothese selbst für wenige sequentielle Vergleiche „zu oft" ungeplant abgelehnt, was solche Studien fragwürdig macht, egal wie klein die nominelle Rate von „falsch positiv" ist.

Werfen wir noch einen Blick auf aktuelle Untersuchungen der *Open Science Collaboration* (OSC). Sie führt wie andere Organisationen, beispielsweise PlosOne, Hochschulwatch.de und Retractionwatch. com, Untersuchungen zur Wiederholbarkeit von Experimenten und Reproduzierbarkeit von Ergebnissen nach der Publikation einer Studie durch. Eine Studie brachte folgendes Ergebnis [23]. Von hundert psychologischen Studien, die in einschlägigen Journalen erschienen, wiesen 97 % einen *p*-Wert von unter 5 % auf, in den wiederholten Studien dagegen von 36 %. Dazu passend reduzierte sich die mittlere Effektgröße auf 50 % [23]. Die sorgfältige Untersuchung verweist neben einem kulturellen Wandel in der Wissenschaft auf zwei Faktoren. Zum einen auf ein Forschungsdesign, das von Anfang an zu wenig Trennschärfe hat, um Effekte zu finden. Wir erinnern uns an Versuche mit „zu wenig Mäusen", über die wir weiter oben berichteten. Zum anderen auf den *Publikationsbias,* da Fachzeitschriften positive Ergebnisse im Vergleich mit negativen bevorzugen. Ganz entsprechend werden allgemein Studien, die ein „signifikantes" Ergebnis aufweisen, Studien ohne Ergebnis („kein Unterschied gefunden") bevorzugt. Wer will schon über Misserfolge berichten? Übrigens gilt Gleiches für den Annahme- bzw. Ablehnungsentscheid eingereichter Forschungsarbeiten. Gutachter und Herausgeber einschlägiger Fachzeitschriften gehören ganz überwiegend „Schulen" an, haben deren Sicht und bevorzugen Autoren mit bekanntem Namen oder Angehörige ihrer eigenen Schulen, sie lassen sich vom „Mainstream" leiten und unterliegen „Forschungsmoden" (Reviewer und Publication Bias). Kahnemann (2011) verweist aus verhaltenspsychologischer Sicht darauf, dass Gutachter nachweislich. Forschungsarbeiten besser beurteilen, wenn darin eigene Publikationen mit Zustimmung bedacht werden [24]. Schmunzeln ruft daher Kahnemans Bemerkung hervor „Da urteilen weise, meist alte Männer über das Neue". Halten wir an dieser Stelle die Kardinalstugenden sauberer wissenschaftlicher Methodik fest [20]: Hypothesengeleitetes Arbeiten, Transparenz, Replizier- und Reproduzierbarkeit.

Damit kommen wir abschließend noch auf die Visualisierung von Forschungsergebnissen zu sprechen. Kniffe und Tricks bei der graphischen Darstellung von Daten kommen seit eh und je vor, siehe zur klassischen Methodik Tufte (1983), [25], zum Missbrauch Huff (1954), [26] oder Krämer (1995), [27]. Fehlende Legenden oder Achsenbeschriftungen, logarithmische Skalierung von Achsen ohne jeden Hinweis darauf, unterschiedliche Skalierung der Achsen, abgeschnittene oder gestutzte Achsen sowie Stauchungen oder Streckungen der Werte gehören zum Alltag der visuellen Datentrickserei ebenso wie nicht maßstabsgerechte Vergleiche von Bestands- und Veränderungsgrößen. Aber auch Datentransformationen können zu spektakulären Irrtümern führen, wenn diese Daten dann in aller Öffentlichkeit interpretiert und politisch in Handlungen des Staats auf Bundes- und Landesebene umgesetzt werden. Die Zwangsmaßnahmen beim Rückreiseverkehr aus Kroatien während der Corona-Krise im August 2020 sind ein beredtes Zeugnis für Datenmissbrauch aufseiten des Staates, seiner medizinischen Institutionen und Fachärzteschaft sowie der Mehrheit der Medien, was der Statistiker R. Jeske detailliert begründet beklagte [29]. Seinerzeit schienen die (nationalen) Inzidenzzahlen in Kroatien dicht an die deutsche sog. Warngrenze von 50 Infizierten auf 100.000 Einwohner zu gehen. Folglich verordnete die deutsche Bundesregierung im August 2020 vorsorglich CV-Tests an allen deutschen Grenzorten wie Autobahn und Flughäfen. Hätte man nur die Anzahl der positiv Getesteten auf die regionale Wohnbevölkerung zuzüglich (!) der mittleren Anzahl Urlauber je Tag bezogen – man konnte nach Jeske von 450.000 Übernachtungen/Tag ausgehen, so wäre die tatsächliche Inzidenz um 30 % niedriger ausgefallen, siehe [29], und hätte keinen Fehlalarm an der 50/100.00-Warngrenze ausgelöst. Was ein kleiner, falscher Nenner so alles bei Laien der Statistik anrichten kann...

Wie weit der Spielraum selbst bei der Interpretation von Daten geht, zeigt exemplarisch der oben angesprochene Fall Strümpel vs. Noelle-Neumann. Im Zeitalter von post-faktischen Aussagen ist wohl der beste Rat der, den man Datennutzern jedweder Couleur bieten kann, bleibt wachsam, misstrauisch und kritisch. Anders ausgedrückt: „If a man frauds you one time, he is a rascal; if he does it twice, you are a fool".

Literatur

1. Cyranoski, D. (2014). Zweifel an Stammzellen aus Säurebad, Spektrum der Wissenschaft – Die Woche, Nr. 08, 2014
2. Rauner, M. (2002). Aus der Kurve geflogen, DIE ZEIT online, 13. Juni 2002 (Abruf: 11.04. 2017)
3. Toomer, G. J. (1975). Ptolemy, Dictionary of Scientific Biography, p. 191, Scribner's Sons, New York
4. Di Trocchio, F. (1994). Der große Schwindel. Betrug und Fälschung in der Wissenschaft. Campus
5. Schülerduden Mathematik II (2004). Bibliographisches Institut., Mannheim, S. 45

6. Uni-Klinik Köln (2013). Elektrophysiologische Experimente, Der Spiegel, S.115, Nr. /2013.
7. Westhogg, J. (2015). Hunde mit zwei Köpfen, Der Tagesspiegel, S. 21, Nr. 22479, 3.8.2015
8. Hearnshaw, L.S. (1979). Cyril Burt, Psychologist. Cornell Univ. Press, New York
9. Kirchgässner, G. und Wolters, J. (2008). Introduction to Modern Time Series Analysis,   Springer-Verlag, Berlin Heidelberg
10. Fisher, R. A. (1935). The design of experiments, Edinburgh
11. Cox, D.R. and Wermuth, N. (2001). Some Statistical Aspects of Causality, European Sociological Review, Vol. 17, No. 1
12. Kucharski, A. (2013). Google's flu fail shows the problem with big data, The Conversation, 10.24. 2013 https://theconversation.com/googles-flu-fail-shows-the-problem-with-big-data-19363 (Abruf: 12.4.2017)
13. Arthur, Ch. (2014). Google Flu Trends is no longer good at predicting flu, scientists find, The Guardian, 27.03.2014
14. Berndt, Ch. (2013). Datenlage ungenügend, Fachjournal zieht Publikation zu Genmais und Ratten zurück. Süddeutsche Zeitung, Nr. 276, 29.11.2013, S. 16
15. Oransky, I. (2014). Retracted Seralini GMO-rat study republished, Retraction Watch, 24.6.2014, https://retractionwatch.com/2014/06/24/retracted-seralini-gmo-rat-study-republished/ (Abruf: 28.07.2023)
16. Bosbach, G. und Krämer, W. (2017). Im Land der Lügen, 3sat, 13.1.2017
17. Bartens, W. (2013). Cholesterinsenker: Kehrtwende in der Fettecke, Süddeutsche   Zeitung, 28.11.2013, https://www.sueddeutsche.de/gesundheit/cholesterinsenker-kehrtwende-in-der-fettecke-1.1829749-0 (Abruf: 20.1.2017)
18. dpa (2014). PSA-Test verringert das Sterberisiko, Tagesspiegel, Nr. 22128, S. 2014.
19. Martinson, B. C. et al. (2005). Scientists behaving badly, Nature, vol. 435, 737–738

20. Rüschemeyer, G. (2013). Seven Shades of Grey, Frankfurter Allgemeine Sonntagszeitung, S. 59, 29.9.2013
21. William Broad, W. und Wade, N. (1985). Betrayers of the Truth: Fraud and Deceit in Science, Oxford University Press
22. Ionnanides, J. P. A. (2005). Why Most Published Research Findings Are False, PLoS Medicine, vol. 2, issue 8, 0696–0701
23. N.N. (2015). Psychology papers fail to replicate more than half the time, Significance, in brief, october2015, S.2
24. Kahneman, D. (2011). Thinking, Fast and Slow, Penguin Books
25. Tufte, E.R. (1983). The Visual Display of Quantitative Information, Graphics Press, Cheshire
26. Huff, D. (1954). How to lie with Statistics. W.W. Norton Comp., New York
27. Krämer, W. (1995). So lügt man mit Statistik, 6. Aufl., Campus, Frankfurt
28. Schwinghammer, S.A. und Stapel, D.A. (2011). Measure by Measure: When Implicit and Explicit Social Comparison Effects Differ, Self and Identity, vol. 10 (2). https://www.tandfonline.com/doi/abs/https://doi.org/10.1080/152988 61003680117?journalCode=psai20. (Abruf: 6.03.2023), Nutzungsrecht des Abstracts durch Taylor and Francis per 23 Oktober 2023
29. Jeske, R. (2021). Statistiken aus schwierigen Verhältnissen - von Armut bis Corona, BoD   – Books on Demand, Norderstedt

5

Krumme Dinger – Datentrickserei in Wirtschaft und Gesellschaft

Wenn eine einzelne Person, eine Personengruppe oder ein Unternehmen im Wirtschaftsleben „ein krummes Ding dreht", so gibt es auf die zugehörigen Handlungen und die dadurch generierten Daten unterschiedliche Sichtweisen. Kriminalbeamte, Steuerfahnder und Staatsanwälte sehen die Angelegenheit vornehmlich aus straf- und steuerrechtlicher Sicht als strafbare Handlung im Rahmen der Strafverfolgung eines Offizialdelikts. Journalisten, insbesondere investigative, greifen die Handlung und Akteure als „Story" auf. Geschädigte sehen sie mehr aus zivilrechtlicher Sicht hinsichtlich der Haftung für erlittene Vermögensschäden. IT-Experten lassen sich möglicherweise die Datenmanipulation samt Algorithmen auf der Zunge zergehen. Unternehmens- oder Steuerberater sehen je nach ethischem Standpunkt und Beruf einen Verstoß gegen Governance- und Compliance-Regeln oder gar ein interessantes „Geschäftsmodell". Der „kleine Mann auf der Straße" dagegen staunt und wundert sich nicht nur

H.-J. Lenz, *Manipulationen und Moneten – Datentrickserei im digitalen Zeitalter,* https://doi.org/10.1007/978-3-658-43848-7_5

über die Profitgier, sondern auch über Unmoral sowie den Verlust von Anstand und Ehre der Akteure. Erinnert sei in diesem Zusammenhang an die *Panama-Papers* des panamaischen Offshore-Dienstleisters *Mossack Fonseca,* die 2016 Briefkastenfirmen in Steueroasen listen [1], die ihre „Fortsetzung" in den *Paradise-Papers* in 2017 fanden. Erstere brachten Prominente, Unternehmer, Manager und Politiker in Verruf, letztere warfen obendrein ein negatives Schlaglicht auf die Praktiken der Offshore-Industrie.

Wie immer bei Betrug und Datenmanipulation existiert keine geldliche Obergrenze, die Größenordnung des „im Spiel" befindlichen Schwarzgeldes kann kaum vorstellbare Ausmaße annehmen. Ein besonders krasses Beispiel stellten die Spendenaffären von FDP und CDU dar. Sie weisen finanzielle Manipulationen führender FDP und CDU-Spitzenpolitiker in mehrfacher Millionenhöhe in bandenartiger Kooperation mit Top-Managern aus Industrie und Banken auf.

An der FDP-Spenden-Affäre aufgrund illegaler Parteispenden im Zeitraum 1975–1983 war seitens der Wirtschaft maßgeblich der Flick-Konzern beteiligt. Die CDU-Parteispendenaffäre dagegen zog sich über sage und schreibe ein Vierteljahrhundert hin [2, 3]. Sie begann unter maßgeblicher Leitung vom damaligen CDU-Parteivorsitzenden Helmut Kohl seit den siebziger Jahren in Rheinland-Pfalz und wurde in ihrem bundesweiten Rahmen erst 1999 aufgedeckt. Bis 1998 war Kohl Kanzler der Bundesrepublik Deutschland.

Die Manipulationen von Daten gingen einher mit dem Einsatz Schwarzer Kassen, Geldwäsche, Korruption artigen Geldzuwendungen an Partei- und Regierungsmitglieder sowie illegalen Geldtransfers in und aus Steueroasen wie der Lichtenstein und Schweiz. Das öffentliche Eingeständnis im November 1999 millionenschwerer Schwarzer Kassen, das „Ehrenwort" des ehemaligen CDU-Vorsizenden und Bundeskanzlers Kohl sowie dessen Schweigen zu vermutlich vier bis fünf ziemlich sicher nichtexistierenden Geldspendern waren vorläufiger Höhepunkt und Abschluss im Jahr 2017 der als „Jüdische Vermächtnisse" getarnten Geldspenden der CDU in Hessen und im Bund. Die Spendenaffäre „Flick-Prozess" der FDP endete 1987 mit der Verurteilung zu empfindlichen Geldstrafen des FDP-Präsidiumsmitglieds H. Friedrich, des Wirtschaftsministers Otto Graf von Lambsdorff und des Flick-Managers E. von Brauchitsch. Letzterer erhielt obendrein zwei Jahre Freiheitsstrafe auf Bewährung (Abb. 5.1).

Die Aufklärung des Einsatzes schwarzer Kassen war hier und in ähnlich gelagerten Fällen illegaler Parteispenden auch deshalb so schwierig, weil wie in der CDU-Spendenaffäre die Verantwortlichen – CDU-Schatzmeister, CDU-Justitiar, Bundeskanzler, Bundesminister und hessischer

Abb. 5.1 Flick- und Parteispendenaffäre, Brauchitsch (links) und Friedrich (rechts) [13]

Ministerpräsident – es stets vermieden hatten, bei ihren Handlungen Belege, sprich Daten, überhaupt zu erzeugen. Stattdessen wurde beispielsweise von Nichtbuchung, Barzahlung, länderübergreifendem Geldabholen oder Geschäftsabwicklung ohne Quittung Gebrauch gemacht. Das Prinzip der Doppelten Buchführung (Doppik) „Keine Buchung ohne Beleg" haben die verantwortlichen Schatzmeister in „Keine Buchung mit Beleg" umgemünzt. In der IT könnte man vom *Null-Datenträger-Trick* sprechen.

Beachtenswert ist, dass Parlament und Regierung ihre Sicht auf unredliche wirtschaftliche Handlungen von Privatpersonen, Parteien oder Unternehmen im Zeitablauf nur zögernd änderten. So galten Steuerhinterziehung mittels Geldanlage in Steueroasen oder über dunkle Kanäle geführte Parteispenden lange Zeit in Deutschland als eine Art „Kavaliersdelikt" und wurden folglich nicht ernsthaft verfolgt. Spitzensportler und -politiker, namhafte Künstler und Top-Manager setzten dabei gewisse Maßstäbe bei der Nutzung von Steueroasen. Steuerbetrug änderte sich aus Sicht der deutschen Öffentlichkeit spätestens mit dem Fall *Zumwinkel* und dem Beginn des nicht ganz legalen Ankaufs von gestohlenen Steuer-CDs aus der Schweiz. Die Steuerflüchtlinge deponierten ihre Gelder in Millionenhöhe im Ausland, teilweise mithilfe von dubiosen Stiftungen. Beachtlich ist dabei der Schutz vor Betrugsaufdeckung durch das lange staatlich tolerierte Schweizer Bankgeheimnis mittels Nummernkonten, die nunmehr abgeschafft sind. Das alles ging nicht ohne die aktive Rolle, die die großen deutschen Privatbanken dabei spielten, Schwarzgeld deutscher Steuerhinterzieher bequem auf Konten in der Schweiz, Luxemburg, Liechtenstein oder anderen Steueroasen über ein extra eingerichtetes „Schleuserkonto" zu lotsen. Kommissar Zufall half der deutschen Steuerfahndung, das jeweilige Konto bei den Großbanken zu entdecken. Gefälscht waren dabei die betreffenden

Steuererklärungen der deutschen Steuerpflichtigen, und verschleierte die Transfers auf den wenigen Transferkonten, über die die Geldtransfers ins Ausland streng geheim abgewickelt wurden. IT- und insbesondere Datenbankadministratoren werden sich fragen, was in solchen Fällen der „korrekte oder wahre Datenbankzustand" war oder wirklich hätte sein sollen.

Ein „krummes Ding drehen" muss nicht immer illegal sein. Vielmehr kann es illegitim, unehrlich oder hart am Rande der Legalität sein, in jedem Fall haftet ihm aus Sicht aller „recht und billig Denkenden" das Flair des Amoralischen an. Steuerliche Schlupflöcher auszunutzen, ist ein typisches Beispiel. Der Autor erinnert sich an einen interessanten Fall aus den wohl sechziger Jahren, der sich auf dem damals heiß umkämpften oligopolartigen deutschen Markt für Damenstrümpfe abspielte. Leider gelang es dem Verfasser dieser Zeilen trotz Recherche in einschlägigen Archiven nicht, die Quelle dieser Nachricht zu finden. Einer der großen Hersteller senkte seinerzeit von einem Tag auf den anderen die Absatzpreise seiner Nylon-Damenstrümpfe um sagen wir 10 %. Dies führte in den folgenden Monaten zu einem ruinösen Wettbewerb, dem etliche Mitbewerber zum Opfer fielen. Nachdem der „Markt bereinigt" war, erstattete der nun marktbeherrschende Hersteller Selbstanzeige wegen Umsatzsteuerhinterziehung. Kraft Steuergesetze, heutzutage § 371 AO, entging die Geschäftsführung durch Selbstanzeige, Strafzahlungen und Gefängnis und musste „nur" die komplette Umsatzsteuerschuld nebst aufgelaufenen Zinsen begleichen.

Während beim Steuerbetrug die Datenmanipulation induziert ist, also dem Entschluss folgt, anfallende Steuern nicht abzuführen, gibt es in der digitalen Welt (umstrittene, letztlich zu ächtende) Aktivitäten, Daten künstlich gezielt zu generieren, um wirtschaftliche oder Prestigevorteile zu erzielen. So ist der Einsatz von Bots eine bekannte Methode, die Aufmerksamkeit auf das eigene Unternehmen gemessen an seiner Präsenz in den sozialen Medien zu erhöhen. Dabei handelt es sich um Programme („RoBOTer-Programme"), die automatisch vorgegebene Handlungen wiederholen können. Das Unternehmen Zalando nutzte für die Marke „mint&berry" einen Like-Bot beim Netzwerk Instagram, der Fotos fremder Nutzer automatisch mit Likes versah [4]. Die Manipulation flog zum Glück dadurch auf, dass gelikte Fotos u. a. mit Zigarettenwerbung verschickt wurden, wie der Spiegel berichtete. Mitte Juni des Jahres beendete Zalando laut obiger Nachricht die Kampagne. Diese Art der Datentrickserei, Sachverhalte zu verfälschen, ist nicht zwingend an das Internet gebunden, ist jedoch dort leicht technisch umzusetzen und führt zu einer schnellen und breit gestreuten Verbreitung. Man denke nur einmal an die Möglichkeit der Datenverfälschungen beim Führen von Klickstatistiken, d. h. beim Auszählen der Anzahl der Fälle, wie oft eine bestimmte Webseite je Tag o. ä. besucht wurde.

Einige „besonders überzeugende" Beispiele von Schönfärberei im wirtschaftlichen, staatlichen und gesellschaftlichen Umfeld seien im Folgenden in Erinnerung gebracht. Beginnen wir mit einem Blick in die Wirtschaft. So waren die übermittelten Statistiken der Jahresverkaufszahlen der französischen VW-Konzerntochter an die deutsche Muttergesellschaft in Deutschland ab 2010 geschönt, indem Fahrzeuge der Privat- und der Nutzfahrzeugbranche als ausgeliefert verbucht wurden, obwohl sie noch nicht zugelassen waren oder es teilweise nicht einmal einen Kaufvertrag gab [5]. Es ist ein Irrtum zu glauben, dass diese Umsatz-Schönfärberei in der Automobilindustrie eine Ausnahme war.

Anfällig für „Corriger la fortune" ist sogar der staatliche Bereich, für den der folgende Fall aus jüngster Zeit steht.

Der ehemalige Landes-Polizeipräsident von Brandenburg musste 2015 als Staatssekretär zurücktreten, da er als Polizeichef in den Jahren 2013–2014 für die Schönfärberei der Kriminalstatistik verantwortlich gemacht wurde [6]. Allein im Landkreis Havelland, Land Brandenburg, musste die Polizeibehörde die Anzahl von Einbrüchen in Keller und Dachböden nachträglich um fast sechzig Prozent nach oben korrigieren [6]. Die polizeiliche Falscherfassung von Einbrüchen und Diebstählen verstieß schlicht gegen bundeseinheitliche Vorgaben. Ziel der Daten-Mauschelei in Brandenburg war es anscheinend, negative Auswirkungen einer seit Jahren umstrittenen Polizeireform samt Personalabbau in der Öffentlichkeitswirkung zu kaschieren bzw. schön zu färben. Hat da etwa „Quod licet jovi, non licet bovi" eine ganz neue Bedeutung?

Wenden wir uns drittens der Kunstszene zu. Auch sie ist nicht frei von Schummeleien, nicht nur bei Malern und Musikern selbst. Wie der Tagesspiegel berichtete, besuchten 2013 insgesamt 85.000 Besucher das Museum für moderne Kunst im spanischen Valencia und nicht wie in der Statistik ursprünglich ausgewiesen, 1,2 Mio., wie der Nachfolger des geschassten Museumsdirektors feststellen musste [7]. Bei einer Anhörung im Regionalparlament erwiesen sich neunzig Prozent der Museumsbesuche als reine Luftnummern.

Um Datentrickserei allerdings mit Schäden in zweistelliger Milliardenhöhe geht es auch im letzten Fall bei den sog. *Cum-Ex*-Geschäften. Hier hatten die großen internationalen Steuerberatungsgesellschaften und Großbanken, eine Idee des ehemaligen Steuerprüfers Hanno Berger aufgreifend, eine Lücke des deutschen Gesetzgebers genutzt und verhalfen steuerpflichtigen Inländern wie Banken, Fonds und Investoren zu quasi legalen, recht dreisten, sachlich absurden Gewinnen – auf Kosten der Allgemeinheit versteht sich. Der Trick bestand darin, die

Aktien rund um den Stichtag der Dividendenzahlung digital blitzschnell so hin- und herzuschieben, dass für die Finanzbehörden die Besitzverhältnisse im Nachhinein kaum mehr nachzuvollziehen waren, siehe Prinzip *Eimerkette*. Beteiligt waren dabei u. a. Commerzbank, Deutsche Bank, Hypo Vereinsbank und sogar einige Landesbanken [8]. Waren diese Geschäfte eine Zeit lang noch ein fast legales Steuerschlupfloch, was seinerzeit erst noch höchstrichterlich geklärt werden musste, so sind *Cum-Ex*-Geschäfte seit 2012 schlicht rechtswidrig [9]. Hintergrund der sagenhaften Geldvermehrung – „Goldesel streck dich" – war der Tatbestand, dass Unternehmen als Aktionäre vom Fiskus über die Banken einbehaltene Abschlagssteuer auf Dividenden erstattet bekamen, um eine Doppelbesteuerung zu vermeiden. Bei den *Cum-Ex*-Geschäften ließen die obigen Akteure rund um den Dividendenstichtag Aktien mit („cum") und ohne („ex") Ausschüttungsanspruch untereinander sehr schnell zirkulieren, d. h. verkaufen bzw. sogar leer verkaufen, bis vor den zuständigen lokalen Finanzämtern hinreichend verschleiert war, in wessen Eigentum sich die Aktien letztendlich zum Stichtag befanden. Der Clou war dabei, dass die Banken mitspielten und die Rückerstattung der Kapitalertragssteuer mehrfach ohne ernsthafte Prüfung bescheinigten. Dies obwohl die Steuer nur einmal abgeführt wurde, sodass die Anleger sich Steuern erstatten ließen, die sie niemals an den Fiskus abgeführt hatten [10]. Ähnlich erfolgten die Datenschummelei und das Ergaunern von Steuererstattungen bei den *Cum-Cum*-Geschäften. Hier war mindestens ein ausländischer Akteur „im Spiel", da dieser keine Kapitalertragssteuer zahlen musste. Um auch diesem Kundenkreis eine Steuererstattung zu verschaffen, verkauften die Banken das Portfolio dieses Akteurs genau zum Dividendenstichtag an eine deutsche Bank oder einen Fond, die sich die Ertragssteuer erstatten ließen. Nach dem Stichtag wurde das Geschäft rückabgewickelt und die Steuererstattung mit dem ausländischen Akteur geteilt [8, 11]. Für den ehrlichen Steuerzahler bleibt einzig die Genugtuung zurück, dass der „Cum-Ex-Erfinder" H. Berger letztlich bestraft wurde. Er wurde in der Schweiz als Steuerflüchtling gefasst, nach Deutschland zurückgeführt und vom LG Wiesbaden im Juni 2023 zu über acht Jahren Haft und einer Geldstrafe von rund 1 Million € verurteilt [12].

Beim Data Mining wird gerne davon gesprochen, dass es die Datennutzer unterstützt, neue Einsichten auf Daten zu generieren. Plastisch propagieren „Data Scientists", dass damit Auffälligkeiten, sog. „Nuggets" (Goldstücke) in den Daten entdeckt werden könnten. Stimmt nicht, könnte man zynischer Weise einwenden, die Goldstücke waren schon vorab mithilfe des Verschiebetricks eingesammelt, die nebenläufige Datenfälschung war nur noch notwendiges Übel, um Zusammenhänge der Machenschaften zu verschleiern.

Will man ein Fazit aus solchem Geschäftsgebaren ziehen oder danach fragen, „Was ist die Moral der Geschichte", so sei an die Redewendung erinnert „Trau, schau, wem", was da heißt: Vertraue niemandem leichtfertig.

Literatur

1. Neuhaus, C. (2016). Wie brisant sind die Panama Papers? Der Tagesspiegel, Nr. 22719, 5.4.2016, S.2
2. Sagatz, K. (2017). Die Bimbes-Lügen, Der Tagesspiegel, Nr. 23312, 2.11.2017, S.35
3. Lamby, St. und Koch, E. R. (2017). Bimbes – Die schwarzen Kassen des Helmut Kohl, ARD, 5. Dez. 2017, 22:45–00:00
4. akn (2017). Zalando nutzt Bots, Der Spiegel Nr. 26/2017, 22.6.2017, S.74

5. gt (2017). Manipulierte Verkaufszahlen, Der Spiegel, Nr. 27/2017, 1.7.2017, S. 71

6. Thorsten Metzner, Th. und Fröhlich, A. (2015). Zu geschönt, um wahr zu sein, Der Tagesspiegel, Nr. 22381, 24.04.2015, S. 13

7. Nicola Kuhn (2013). Schlange nicht gesehen, Der Tagesspiegel, Nr. 22299, 30.01.2013, S. 21

8. Martin Hesse und Annes Seith (2017). Kummer mit Cum-Cum, Der Spiegel Nr. 6/2017, S. 75

9. N.N. (2017). Staatsanwalt klagt wegen Cum-Ex-Deals, Der Tagesspiegel, Nr. 23255, 5.10.2017, S.18

10. N.N. (2017). Erfolgreiche Ermittlungen gegen Banker und Broker, Der Tagesspiegel, Nr.23091, 20.04.2017, S. 15

11. N.N. (2017). Illegale Machenschaften, Der Tagesspiegel, Nr. 23150, 21.06.2017, S.17

12. LG Wiesbaden (2021), Az: 6 KLs – 1111 JS 18753/2, https://ordentliche-gerichtsbarkeit.hessen.de/presse/gesamtfreiheitsstrafe-von-8-jahren-und-3-monaten, 1.9.2021 (Abruf: 1.8.2023)

13. Spiegel Politik (2006). Die Flick-Affäre, Ein Mann kaufte die Republik, 6.10.2006, Lizenzierung durch pa picture alliance/Karl-Heinz Kreifelts, Mediennummer 369339476, DEU Flick Affäre Jahrestag,

6

Lug und Trug – Schattenseiten im Sport

Ein Freizeitsportler, der diese Zeilen liest, wird sich spontan fragen, was sein Sport mit Datenbetrug denn überhaupt zu tun haben soll. Jeder Mensch hat in seinem bisherigen Leben Sport in irgendeiner Form betrieben und das aus gutem Grund, sei es nur aus Spaß im Kindergarten, als Jugendlicher, in der Freizeit zur Stärkung des Selbstbewusstseins oder als Schulsport zwangsweise. Schon die alten Römer wussten „Mens sana in corpore sano" – der Geist bleibt fit, wenn der Körper fit ist. Denn der Sport fördert in Maßen genossen nicht nur die Gesundheit, sondern bietet Ausgleichs- und Freizeitvergnügen, wichtig bei einer immer stärker schrumpfenden Lebensarbeitszeit. Er stellt an die Aktiven die Herausforderung, den inneren Schweinehund zu überwinden und fördert beiläufig beim Mannschaftssport   die Teamfähigkeit. Wie jeder weiß, wurde Sport nicht erst mit Turnvater Jahn und seinem Drill populär. Als „Schmankerl" gibt es für Sportler und Sportlerinnen hin und wieder einen Preis

© Der/die Autor(en), exklusiv lizenziert an Springer Fachmedien Wiesbaden GmbH, ein Teil von Springer Nature 2024
H.-J. Lenz, *Manipulationen und Moneten – Datentrickserei im digitalen Zeitalter,* https://doi.org/10.1007/978-3-658-43848-7_6

für ausgezeichnete Leistungen – im wahren Amateursport eher mit hohem ideellen und weniger geldlichen Wert. Das reicht von Lob und Anerkennung, über Siegerurkunden bis hin zu Pokalen, Trophäen und kleinen Aufmerksamkeiten. So kann sich der Autor dieser Zeilen an den Gewinn der Landesmeisterschaft im Fußball der fünften Klassen der Berliner Grundschulen im Jahr 1953 erinnern. Jedem Spieler meiner Elf überreichte der Schulrektor, sicherlich aus seiner Privatschatulle finanziert, aus Anerkennung und als Dankeschön eine 100 g Tafel Vollmilchschokolade – in damaliger Zeit von uns als eine echte Belohnung empfunden. Womit wir beim Thema sind und vom „reinen" Amateursport zum Profisport in heutiger Zeit wechseln können. Dieser „bereicherte" quasi das Streben nach unterhaltsamer Freizeitbeschäftigung, Fitnessvorsorge und Stärkung des Teamgeistes sowie Anerkennung um ein weiteres, ganz entscheidendes Nebenziel der „Leibesertüchtigung": Profiterzielung. Das heutige Motto der Olympischen Spiele, der Europa- und Weltmeisterschaften sowie fast des gesamten Sports lautete von Anbeginn an bekanntlich „Schneller, höher, stärker". Der dem Sport inhärente Wettbewerbsgedanke stellt dabei einen wichtigen Antriebsfaktor dar. Daneben spielen Prestige und Geld ein zunehmend wichtigere Rolle. In deren Folge kamen Schummeleien und handfeste Betrügereien in Wechselwirkung mit sozial gesehen anstößig hohen Vergütungen sowie Steuertricksereien ins „Spiel". Darüber wird im Einzelnen noch zu berichten sein. Man könnte ironischer Weise das olympische Motto in „Schneller, höher, reicher" ummünzen. So gesehen lag Pierre de Coubertin, der Begründer neuer olympischer Spiele, vor mehr als einhundertzwanzig Jahren völlig daneben, wenn er meinte „Teilnehmen ist wichtiger als Siegen". Denn trotz Fleiß, aber ohne Sieg gibt es nicht nur im Leistungssport keinen Geld-Preis!

Will man Lug und Trug im Sport und den dadurch induzierten Datenbetrug unter die Lupe nehmen, so reicht es nicht aus, nur den einzelnen Sportler im Auge zu behalten. Vielmehr ist vor allem das sportliche Umfeld von großer Bedeutung und anfällig für oft „von oben"-veranlasste Betrügereien. Denn was kann der professionelle Eissportler ohne Eisstadion, der Leichtathlet oder Fußballer ohne Stadion, der Skispringer ohne Sprungschanze oder der Skiläufer ohne abgeholzte und mit Kunstschnee bestens präparierter Rennpiste anfangen, ganz abgesehen von der Bereitstellung eines Trainer-, Physio- und Ärzteteams sowie direkter oder indirekter staatlichen Förderung des Spitzensports? Es ist im Profisport nicht mehr so wie in den Anfängen des Fußballs: Freifläche, kugelförmiger Gegenstand (Fußball), markierte Torbereiche und zwei gegnerische Teams – los kann's gehen. Vielmehr bedarf es eines breit und tief aufgestellten Umfelds mit Einzelsportlern, Mannschaften, Organisation und Verbänden auf lokaler, nationaler und internationaler Ebene. Dazu gehören weiterhin TV- und Rundfunk-Anstalten und Sportzeitschriften, die von Sieg oder Niederlage Kunde geben, oder staatlichen Institutionen wie Kommunen, Städte, Länder und deren Regierungen, die den Sport massiv fördern. Kein Wunder, dass es in einem solchen Netzwerk an unterschiedlichen Stellen immer wieder knirscht.

Werfen wir zuerst einen Blick auf Schummeleien im Wintersport, die noch zum Schmunzeln anregen. So überprüfte der Kölner Ski-Journalist Schrade anhand von Geodaten die Pistenlängen von fünfzig Top-Skigebieten in Deutschland, Frankreich, Österreich und der Schweiz im Jahr 2013. „Im Schnitt liegen die angegebenen Pistenkilometer bei einhundertvierzig Prozent der tatsächlichen Kilometer" [1]. Der Haken solcher Angaben liegt, wie so oft bei solchen Aussagen, bei der Definition und damit der Berechnungsgrundlage. Reicht es für eine Abfahrt, eine

Piste zu sein, nur kurz ausgeschildert, aber nicht gepflegt zu sein? Ist es die direkte Fahrlinie oder eine ausgedachte Zick-Zack-Linie mit Querschwüngen, die zählt? Alle kennen ähnliche Probleme von den Angaben der Automobilhersteller über die (zu niedrig) angegebenen typspezifischen Soll-Kraftstoffverbrauchs- und Emissionswerte von Neuwagen. Zwei krasse Ergebnisse bei den Gesamtlängen der Skipisten allerdings legen den Verdacht auf Schummelei nahe: Im Schweizer Wallis bietet das „4 Vallées-Gebiet" statt angepriesener 412 km nur 164 km, und Hochzillertal-Hochfügen in Tirol wirbt mit Pisten von 181 km. Schrades Vergleichsmessungen erbrachten nur 75 km. Sicher, an etwa 40 %-Abweichung geht die Freude am Skifahren nicht unter. Es zeigt sich aber hier das Phänomen, dass der Kommerz den Sport weitgehend durchdrungen hat. Kürzer formuliert, „Geld verdirbt den Charakter". Eines ist klar, klimatische Veränderungen, steigende Kosten und stetig zunehmender Wettbewerb im Wintersport zwingen die Betreiber der Skigebiete mit deren Vorzügen zu prahlen. Die Grenze von Prahlerei und Aufschneiderei zu Schummelei und Datenbetrug war, ist und bleibt unscharf.

Die große Mehrheit der Leser wird mit Betrug und Datenfälschung im Sport nicht (harmlose) Messabweichungen und Ähnliches in Verbindung bringen, sondern an erster Stelle an Doping von A wie Armstrong, über Lance bis Z wie Zülle denken, allesamt Rennradfahrer, die Furore machten. Werfen wir daher zuerst einen Blick auf die Akteure wie Staaten, Organisationen und Unternehmen. Die ARD-Dopingredaktion berichtete in der Sendung „Geheimsache Doping" von der Verzahnung der russischen Wintersportorganisationen mit höchsten Regierungsstellen, um sog. Staatsdoping mittels ausgetauschter Urinproben zu vertuschen [2]. Erinnert sei an die olympischen Winterspiele in Sotschi 2014, wo auf breiter Front gedopt wurde. Dazu kommen auch die Winterspiele von Pyeongchang (Südkorea), wo bereits im Vorfeld von nicht fälschungssicheren Urinfläschchen, die der Aufbewahrung der A- und B-Proben dienen sollten, die Rede war. Öffnen, umfüllen, schließen – perfekt sind Manipulation einer Probe und nebenläufig die Datenfälschung [2]. Im Gegensatz zu ersten Verlautbarungen des Herstellers, des Schweizer Unternehmens Berlinger und der WADA – der Welt-Anti-Doping-Agentur, der Verschluss der Fläschchen sei nunmehr ohne Zerstörung nicht zu öffnen, konnte die ARD-Redaktion um Hajo Seppelt im Test zeigen, dass sich die Flaschen sehr wohl bei entsprechender Kältebehandlung unzerstört und nicht nachprüfbar öffnen sowie wieder schließen ließen [2]. Wie später WADA und Berlinger bekanntgaben, beschloss der Hersteller, die Belieferung des IOC mit diesen Fläschchen einzustellen [3].

Neben dem Staatsdoping, wie es jüngst in Russland und vor 1990 in etlichen ehemaligen Ostblockländern einschließlich der DDR über Jahrzehnte unter staatlicher Billigung, Anleitung und Aufsicht durchgeführt wurde, was mit massiver Datenfälschung einherging, gibt es Vergleichbares weltweit auch auf Vereins- oder Verbandsebene. Die großen Erfolge US-amerikanischer Leichtathleten und -Athletinnen bei Weltmeisterschaften und Olympischen Spielen über 100, 200 oder 400 m, Weitsprung usw. sind ohne Vereins-, Verbands- und Teamabsicherung undenkbar. Hier seien nur die überführten Dopingsünder Justin Gatlin oder Marion Jones genannt. Es reihen sich die Rennradfahrer Eddy Merckx, besonders krass Lance Armstrong (mehrfach Erster ab 1998) sowie Floyd Landis als Sieger oder Rudi Altig als Zweiter der Tour de France ein. Beim Doping selbst und bei der sie begleitenden Datenfälschung, um die Betrügereien zu vertuschen, spielen Mediziner eine zentrale Rolle. Sind Beispiele gefällig? Genannt werden muss vor allem der spanische Radteam- und

Sportarzt E. Fuentes – verurteilt 2013 zu einem Jahr Haft mit Bewährung und vier Jahren Berufsverbot [4], oder der deutsche Sportmediziner A. Klümper, Albert-Ludwigs-Universität, Freiburg [5]. Unterlegt man dem Weisheitsspruch der alten Griechen einen etwas anderen Sinn, kann man sagen: „Natura sanat, medicus curat", verkürzt: Der Arzt kriegt's schon hin.

Die Bandbreite der Dopingmittel ist erschreckend. Zu den verabreichten Substanzen, Sportler und Trainer sprechen hier verharmlosend vom „Einstellen der Athleten" mit Blick auf die großen Wettkämpfe, gehören Anabole Steroide zum Muskelaufbau, EPO als Abkürzung für Erythropoetin zur besseren Sauerstoffversorgung der Muskulatur, Stimulanzien wie Kokain und Amphetamin zur Verbesserung der Konzentration – beliebt auch bei einigen Sportschützen, Opioide wie Morphin, die beruhigend („für eine ruhige Hand") wirken und Eigenblutdoping mit einer EPO-ähnlichen Wirkung. Wie unscharf die Trennlinie zwischen Doping und Reha-Maßnahmen ist, zeigt der Fall des deutschen Nationaltorwarts M. Neuer. Dieser wollte aus eigener und aus DFB-Sicht trotz seines erneuten Mittelfußbruchs rechtzeitig zur Fußball-WM 2018 in Russland fit werden. Die Nationale Anti-Doping-Agentur NADA wurde auf den Plan gerufen, als   aus der Presse bekannt wurde, dass eine Eigenbluttherapie anstand. Bei der wurde „Blut abgenommen, in seine Bestandteile zerlegt und das plättchen-reiche Blutplasma für eine schnellere Heilung wieder zurückgespritzt" [6]. Neuer verneinte die Anwendung einer Eigenbluttherapie und bestätigte den erfolgreichen Einsatz einer Stammzellenkur während seiner Reha. Wie BR-Sport online weiter berichtete, stand diese ebenfalls nicht auf der Dopingliste und gilt unter Experten grundsätzlich als unbedenklich. Es handelte sich nach Neuers Aussage um keine Bluttherapie, sondern um Therapie mit Stammzellen aus dem Knochenmark.

Wie schmal der Grat zwischen Heil- und Dopingmittel ist, zeigte auch der Fall der norwegische Skilangläuferin Therese Johaug, die sich im Hochsommer 2016 ihre Lippen beim Höhentraining verbrannte [7]. Eine vom Teamarzt verabreichte Creme half ihr, enthielt aber mit Clostebolacetat, einem anabolen Steroid, ein indiziertes Dopingmittel. Auf dem Beipackzettel war ein deutlicher Hinweis, den der Arzt aber versehentlich übersah. Die Einnahme des Steroids wurde bei einer späteren Dopingkontrolle entdeckt. Die Skiläuferin bekam dafür eine achtzehnmonatige Sperre.

Wenden wir uns nunmehr den internationalen Sportorganisationen wie IAAF, IOS, FIFA und UEFA zu. Diese sind bekanntlich international zuständig für Leichtathletik und Fußball. Sie organisieren Vergabe und Durchführung von Weltmeister- und Europameisterschaften sowie der Olympischen Spiele. Eine moralisch besonders anstößige Wahl war die des Austragungsortes für die Olympischen Sommerspiele 1996 unter Leitung des damaligen IOC-Präsidenten Juan A. Samaranch. Athen, Gastgeber der ersten Spiele von 1896, galt als die historisch gesehene beste Wahl für deren Austragung hundert Jahre später. Wie die Wahlunterlagen aus den insgesamt fünf Runden zeigten, war Athen bis zu dritten Runde mit vorn. Ab der vierten Abstimmungsrunde führten die USA bzw. die Coca-Cola-Stadt Atlanta mit 34:30. Sie gewannen schließlich in der Schlussrunde den Zuschlag in Runde fünf mit 51:35 Stimmen [8]. Lieber Leser, warum wohl? Honi soit qui mal y pense – ein Schelm wer Böses dabei denkt. Das Hamburger Abendblatt brachte in 2015 die offensichtlichen Tricksereien bei der Vergabe sinngemäß mit der bissigen Bemerkung auf den Punkt, dass die Logik des Geldes vor der Gleichheit des Zufalls steht. Oder wie die englische Tageszeitung „The Independent" seinerzeit titelte: „Faster, higher, stronger, soapier".

Licht und Schatten wie bei fast allen solchen Veranstaltungen gab es auch bei Deutschlands Sommermärchen, der umjubelten Fußball-Weltmeisterschaft 2006 im eigenen Land. Hier stand nicht allein der begeisternde Angriffsfußball des jungen deutschen Teams im Vordergrund, sondern die schmutzige Affäre um die ominöse Zahlung von 6,7 Mio. €, ausgekungelt durch Spitzenfunktionäre des Fußballs aus DFB und FIFA in dunklen Hinterzimmern. Das Geld floss 2002 von einem Konto vom Ehrenspielführer der deutschen Fußballnationalmannschaft, dem „Kaiser" Franz Beckenbauer, und seinem langjährigen, erfahrenen Manager Robert Schwan über die Schweiz auf ein Konto in Katar. Das gehörte zu dem Firmengeflecht des einflussreichen ehemaligen FIFA-Vizepräsidenten Bin Hamman [9]. Kettentransfers, Datenfälschung und glatte Geldbeträge sind stets Indizien, die die Aussagen von Beckenbauer, es handle sich um einen „Organisationskostenzuschlag des Weltverbandes", völlig unglaubwürdig erscheinen lassen. Adidas-Chef Louis Dreyfus gewährt Beckenbauer im Gegenzug ein gleich hohes Darlehen und bekam diese Summe über ein Konto der FIFA zurückerstattet, offensichtlich um die Bestechung zu vertuschen. Selbst der ehemalige FIFA-Boss Sepp Blatter stellte die Fragwürdigkeit der Transfers infrage. In der Steuererklärung des DFB für 2006 tauchte der dubiose Betrag als ein Kostenbeitrag zu einer „WM-Gala" auf, einer Veranstaltung, die jedoch nie stattfand. Die hessische Steuerfahndung forderte wegen Steuerhinterziehung konsequenterweise eine Nachzahlung von 19,2 Mio. € vom Deutschen Fußballbund [9]. Rückblickend war eine gehörige Portion Scheinheiligkeit mit im (Fußball-) Spiel. Denn allen direkt beteiligten Fußballfunktionären und vielen Politikern musste doch klar gewesen sein, dass ohne die „üblichen Bestechungsgelder" eine WM nicht nach Deutschland zu holen war.

Wer immer noch gutgläubig ist, nachdem viele Funktionärsköpfe auf nationaler und internationaler Ebene gerollt sind – siehe die Personalveränderungen bei IOC, UEFA und FIFA, und glaubt, es wäre nunmehr die Vergangenheit bewältigt („The Past is past"), sieht sich bitter getäuscht. Denn eher ist „Business as usual" seitdem unter FIFA-Chef Infantino auf höchster Sportebene weiter angesagt. Das stimmt etwa nicht? (Abb. 6.1)

Greifen wir nur zwei Weltmeisterschaften aus jüngster Zeit heraus. Da ist die dubiose Vergabe der Fußball-WM im Jahr 2022 an Katar, die während des arabischen Hochsommers stattfand und der Sommerspiele 2016 an Brasilien in Rio de Janeiro, einer Stadt mit allergrößten sozialen, wirtschaftlichen und finanziellen Nöten. Alle diese Entscheidungen waren untrennbar mit Bestechung als Teil von Korruption und Datenfälschung zum Vertuschen der Betrügereien verbunden [10, 11]. Zu den Olympischen Spielen in Rio nur noch so viel: Der brasilianische Organisationschef C.A. Nuzman wurde wegen des Vorwurfs des

Abb. 6.1 FIFA-Präsident G. Infantino bei einer Pressekonferenz [23]

Stimmenkaufs bei der Olympia-Vergabe festgenommen. Dem Sohn des IOC-Mitglieds aus Senegal, L. Diack, sollen drei Tage vor der Abstimmung zwei Mio. US$ von einem brasilianischen Unternehmer überwiesen worden sein [12]. Eine allerletzte Anmerkung zur WM-Vergabe nach Katar sei noch gestattet: „Mehr als vierzig Personen haben sich inzwischen schuldig bekannt, über zwei Jahrzehnte lang insgesamt mindestens 150 Mio. US-$ an Schmiergeldern angenommen zu haben" [10].

Der internationale Sport ist anscheinend besonders betrugsanfällig, wohl wegen der Milliardenbudgets und der damit verbundenen höheren Chancen für Funktionäre, internationale Karriere zu machen und Geld abzugreifen. Doch Betrügereien gibt es auch auf nationaler Ebene, in Erinnerung dürfte noch der Bundesligaskandal der Saison 1970/71 sein, bei dem Spieler schlichtweg Spiele verkauften – erst rund ein halbes Jahrhundert vorbei. Anhand von Telefonmitschnitten wurde 1971 ruchbar, dass Punktspiele manipuliert und Schmiergeldzahlungen für getürkte Siege oder Niederlagen u. a. der Vereine Hertha BSC, 1.FC Köln, FC Schalke 04, VFB Stuttgart geleistet wurden. Nutznießer waren die beiden im Abstiegskampf befindlichen Fußballvereine RW Oberhausen und Arminia Bielefeld, die vorerst in der ersten Liga blieben.

Es geht nicht immer um Geld, sondern um Manipulationen rund um die sportlichen Aktivitäten selbst. Eine solche bandenmäßige Manipulation haben sich drei australische Kricketspieler jüngst geleistet, wie mit gewisser Häme über die Kricket-Weltmacht Australien in der Presse berichtet wurde [13]. Bei einem Turnier dieser ausgesprochenen Herrensportart hatten der Schlagmann, sein Team- und Vizekapitän den Ball mit einem Klebeband zu präparieren versucht, um dessen Flugeigenschaften für das Team günstig zu verändern. Dumm nur, dass das Fernsehen in einer Live-Übertragung gleich den handfesten Beweis lieferte. Das unfaire Trio wurde unverzüglich für zwölf Monate für das Nationalteam gesperrt.

Ein harmloser Fall, wenn man sich die folgenden Fälle organisierter Kriminalität vor Augen führt. Denn von ganz anderem Kaliber sind die Manipulationsversuche bei Sportwetten wie Pferderennen, Fußballspielen usw., insbesondere organisiert von Banden in Osteuropa und Asien. So gelang der slowenischen und kroatischen Polizei ein Schlag gegen die sog. Wettmafia, einem kriminellen Netzwerk von neun Beschuldigten in Slowenien und zwei in Kroatien [14]. „Die Beschuldigten haben danach Spiele im Profifußball Serbiens, Mazedoniens und Tschechiens manipuliert und dazu illegale Wetten vor allem in Asien platziert", [14, S. 22]. Aber ein Grund für deutsche Leser, die Nase mit einem Hinweis auf „typisch Balkan" zu rümpfen, besteht nicht. Denn der Fußball-Wettskandal von 2005 um den deutschen Schiedsrichter Robert Hoyzer und andere sollte noch in guter Erinnerung sein. Hierbei ging es um ungerechtfertigte Strafstöße, angebliche Schiedsrichterbeleidigungen und nicht korrekt verhängte „rote Karten". Hoyzer gab zu, einige Spiele der zweiten Fußballbundesliga, des DFB-Pokals und der Regionalliga damit so beeinflusst zu haben, dass die Wettergebnisse, auf die absprachegemäß gewettet wurde, auch erzielt wurden. Obwohl seit 2005 der DFB mit dem Wettüberwachungsspezialisten „Sportradar" zusammenarbeitet, berichtete unlängst der WDR in seinem Magazin „Sport Inside" über weitere Verdachtsmomente bei Torwetten-Einsätzen im Zeitraum 2010–2015 [15]. Der Bericht griff auf eine gemeinsame Studie der Universitäten Bielefeld, Pennsylvania und West Virgina zurück. Dabei drehte sich die Wette darum, ob weniger oder mehr als zweieinhalb Tore je Partie erzielt werden. Bei drei von sechsundzwanzig Schiedsrichtern haben die statistischen Analysen „einen deutlichen Zusammenhang zwischen der Höhe der Wetteinsätze und der Schiedsrichterbesetzung" ergeben [15].

Wie schmutzig die Geschäfte im modernen Profifußball auf internationaler Ebene inzwischen geworden sind, vornehmlich in der Champions League, zeigte die Plattform *Fußball-Leaks* auf. Das größte Datenleck in der Geschichte des Sports umfasst sage und schreibe 18,6 Mio. Dokumenten [16]. Da ist zum einen der finanzielle Einfluss von Sportausrüstern wie Adidas, Nike oder Puma, die in Vereine wie Bayern München, Atlético Madrid und Real Madrid sowie Barcelona Millionen bis Milliarden investierten und diese am Verkauf von Lizenzprodukten beteiligen. Sie machen die reichsten Klubs nicht nur reicher, sondern die Finanzspritzen werden auf verschiedenen Transferwegen verabreicht. So berichtete der Spiegel, dass in einem streng vertraulichen Entwurf zum Vertrag von 2011 zwischen Adidas und Real Madrid der Sportartikelausstatter einen Teilbetrag von vierzig Mio. Euro in bar zu leisten hätte [16]. Es ist anzunehmen, dass steuerliche Aspekte sowie vertraglich nicht fixierte Nebenabsprachen eine Rolle spielten. Solche Summen passen erfahrungsgemäß auch kaum in einen Geldkoffer und sind selbst in einem kriminellen Milieu ungewöhnlich. Der Verdacht auf schwarze Kassen und Steuerbetrug in Verbindung mit Datenbetrug durch Fälschung von Dokumenten, hier Vertragsunterlagen, drängt sich auf. Zu einem zunehmend kapitalorientierten Vereinsmanagement gehört auch die große Rolle von landesübergreifenden Investorengruppen, die Anteile von Transferrechten an Supertalenten im Fußball gegen Finanzinvestitionen erwerben. Bis 2015 die FIFA diese Entwicklung stoppte, war dieses Geschäftsmodell unter dem Namen „Third-Party-Ownership (TPO)" gang und gäbe [16]. Russische Oligarchen und zwielichtige asiatische Investoren stiegen in europäische Klubs mit Geld in Millionenhöhe ein und unterwanderten diese.

Der Fall Neymar beim Wechsel von Barcelona nach Paris St. Germain ist vermutlich nur einer von vielen. Die Autoren R. Buschmann und M. Wulzinger deckten weitere Details im Profifußball auf [17]. Dieser Kreis von Investoren bereitet auch deshalb nach wie vor Sorge, weil Wettpaten darunter sind, die Riesengewinne einfahren wollen, indem sie mittels Schmiergeld Spielmanipulationen zu ihren Gunsten durchzusetzen versuchen [18].

Wenden wir uns zum Abschluss wieder den Spielern selbst zu, dem „Human Capital", dessen Gesamtbuchwert von allergrößtem wirtschaftlichen Interesse für jeden Fußballverein im Profigeschäft und für dessen Renommee im internationalen Rahmen ist. Bei den europäischen Spitzenklubs im Fußball liegt die Größenordnung knapp unter einer Mrd. Euro. Wie oben gesehen, sind Investoren, Spielerberater, Headhunter und Spieleragenten rund um das eigentliche Fußballgeschehen aktiv. Da Bestechung, Geldwäsche sowie Steuerhinterziehung eine latente Gefahr bilden, ist klar, dass auch die von diesen betreuten, internationalen Spitzensportler Schwierigkeiten mit den Finanzbehörden hin und wieder bekommen. Spektakuläre Fälle von Steuerhinterziehung in Millionenhöhe im Fußball betrafen zuletzt die Spieler Xabi Alonso [19], Christiano Ronaldo und Trainer José Mourinho [20] sowie die Spieler Mesut Özil [21] und Lionel Messi vom FC Barcelona. Letzterer hat Ende 2016 fast zwölf Millionen Euro an die spanische Finanzbehörde, Agencia Tributaria, nachzahlen müssen [22, 23]. Die damit einhergehenden Manipulationen und Fälschungen von Dokumenten gehen in die Tausende – ein interessanter Fall für Big Data Analysten? Die nationalen Finanzbehörden setzen dagegen zur Aufklärung der Betrügereien auf Anzeigen, Zeugen, Whistleblower und die Kronzeugenregelung. Aber wo bleiben eigentlich die Big Data Analytiker, die lauthals anpreisen, alle Arten von Auffälligkeiten aufdecken zu können? Auf diesem Feld hört man nichts von Ihnen.

Gibt es bei derart umfangreicher Schattenseite des Sports noch eine positive Perspektive? Da der Sport Teil unserer Gesellschaft ist und sich dort ähnliche Probleme in verschiedenen Lebensbereichen zeigen, bleibt dem Verfasser nur an den alten Spruch „Vertrauen ist gut, Kontrolle ist besser" zu erinnern, der dem Erzgegner des Kapitalismus, W. I. Lenin, zugeschrieben wird. Überlassen wir die Kontrolle dann aber bitte schön nicht allein den Algorithmen und Apps – neudeutsch KI!

Literatur

1. Junge, B. (2013). Schummel-Pisten, Der Tagesspiegel, 25.02.13, S. 25
2. Hartmann, G. et al. (2018). Geheimsache Doping Das Olympiakomplott, ARD, 29.1.2018, 22:45–23:50
3. dpa (2018). Neue Flaschen für Proben gesucht, Der Tagesspiegel, Nr. 23408, 11.3.2018, S. 19
4. Andreas Burkert (2013). Doping-Arzt vor Gericht: Fuentes' Talent als Geschichtenerzähler, https://www.sueddeutsche.de/sport/doping-arzt-fuentes-vor-gericht-frecher-auftritt-beim-persoenlichen-fachseminar-1.1586651 (Abruf: 30.4.2013)
5. N.N. (2017). Uni veröffentlicht Studie über eigene Dopingvergangenheit, ZEIT ONLINE, 23.6.2017
6. Pierre Winkler (2018). Doping-Experte kritisiert Manuel Neuer: „Aussage zeigt Arroganz von Fußballern", FOCUS-online, 28.03.2018, https://www.focus.de/sport/fussball/arroganz-von-fussballern-doping-experte-weist-manuel-neuer-zurecht_id_8683696.html (Abruf: 16.11.17)
7. Vögtli, A. (2018). Doping, farmacista astrea, Heft März 2018, S. 4–6
8. Wikipedia (2023), Schlagwort „Olympische Sommerspiele 1996" (Abruf: 3.8.2023)

9. dpa (2018). So klug als wie zuvor, Der Tagesspiegel, 23352, 14.1.2018, S. 21

10. Linner, A. (2017). Stimmenkauf bei WM 2022: Deutschland darf niemals in Katar antreten, Focus, 16.11.2017, https://www.focus.de/sport/fussball/zeugenaussagen-ueber-fifa-funktionaere-stimmenkauf-bei-wm-2022-deutschland-darf-niemals-in-katar-antreten_id_7854056.html (Abruf: 3.8.2023)

11. dpa (2017). Russlands Fußball versinkt, Der Tagesspiegel, Nr. 23150, 29.06.2017, S. 20

12. dpa (2017). Die gekauften Spiele, Der Tagesspiegel, Nr. 23256, 6.10.2017, S. 22

13. Leopold, J. (2018). Die Schande der Nation, Der Tagespiegel, 23427, 31.3.2018, S. 19

14. dpa (2017). Schlag gegen Wettmafia, Der Tagesspiegel, Nr. 23330, 20.12.2017, S. 22

15. Tsp/dpa (2017). Viele Tore und ein Verdacht, Der Tagespiegel, Nr. 23039, 25.2.2017, S. 14

16. N.N. (2017). Die Geldregner, Der Spiegel, Heft 19/2017, S. 90–93 – Vorschau auf [17]

17. Buschmann, R. und Wulzinger, M. (2017), Football Leaks Die schmutzigen Geschäfte im Profifußball, DVA

18. Buschmann, R. und Röhn, T. (2017). „Haut ab!", Der Spiegel, Heft 26/2017, S. 104–107

19. dpa (2018). Fünf Jahre für Alonso? Der Tagesspiegel, Nr. 23419, 22.3.2018, S. 22

20. dpa/Tsp (2017). Der nächste Fang, Der Tagesspiegel, Nr. 23150, 21.6.2017, S. 20

21. ctr (2016). Enthüllungen belasten Mesut Özil, Der Tagesspiegel, 22958, 3.12.2016, S. 14

22. N.N. (2018). Medien: Messi zahlte rund zwölf Millionen Euro Steuern nach, Süddeutsche Zeitung, 12.1.2018, https://www.sueddeutsche.de/sport/lionel-messi-medien-messi-zahlte-rund-zwoelf-millionen-euro-steuern-nach-1.3824060 (Abruf: 15.1.2022)

23. EPA/Messara, M. (2022). FIFA President Gianni Infantino, epa images, 19.11.2022, Lizenzierung vom 23.10.2023

7

Wahlbetrug – Wer die Wahl hat, hat die Qual

Man könnte meinen, Wählen wäre das Einfachste der Welt. Im Wesentlichen benötigt man nur einen Wahlvorschlag, die Stimmabgabe und -auszählung und das Wahlergebnis – einfacher geht es nicht. Ich erinnere mich an meine Grundschulzeit Mitte der fünfziger Jahre in Berlin, wo die sechste Klasse, der ich angehörte, den Klassensprecher neu zu wählen hatte. Mein Freund und ich wurden als einzige Kandidaten vorgeschlagen, die Wahl per Akklamation im Handumdrehen durchgeführt und der Kandidat mit den meisten Stimmen war gewählt. Als damaliger Wahlgewinner staune ich nach wie vor, welcher Millionen- bis Milliardenaufwand im politischen Bereich dagegen notwendig ist, und wo heutzutage überall der Teufel im Detail steckt, was alles bei Wahlen schieflaufen kann und wie Politiker, Parteien und Dritte Wahlen mittels Internet, Medien und sozialer Netze immer dreister und skurriler direkt bzw. indirekt manipulieren.

© Der/die Autor(en), exklusiv lizenziert an Springer Fachmedien Wiesbaden GmbH, ein Teil von Springer Nature 2024
H.-J. Lenz, *Manipulationen und Moneten – Datentrickserei im digitalen Zeitalter,* https://doi.org/10.1007/978-3-658-43848-7_7

Auf den ersten Blick scheinen Wahlen im politischen, aber auch betrieblichen oder behördlichen Bereich einfach durchführbar zu sein. Allerdings bedarf es immerhin zusätzlich einer Wahlkommission und eines Wahltags, müssen Wahllisten und Wahlplakate erstellt werden, Wahllokale und Urnen bereitgestellt, ein Urnengang organisiert werden und schließlich gehören die Stimmenauszählung sowie Feststellung und Bekanntmachung des Wahlergebnisses dazu. Denn drei Grundsätze liegen „fairen" Wahlen zugrunde: Sie sollen frei, gleich und geheim sein unter strikter Beachtung des aktiven und passiven Wahlrechts. Bei Kommunal-, Land- und Bundeswahlen in Deutschland kommt noch hinzu, wie die Stimmenanteile von Parteien auf Parlamentssitze nach jeweils geltendem regionalen Wahlgesetz umgerechnet werden.

Es liegt auf der Hand, dass die vielen „Drehschrauben" bei einer Wahl viele Eingriffs- und Manipulationsmöglichkeiten bieten – man denke nur beispielsweise an die Höhe und Herkunft des Wahlbudgets eines Kandidaten bzw. einer Partei oder an die Wahrhaftigkeit der ausgezählten Stimmen. Bevor wir uns in Einzelheiten verlieren, scheint es angebracht, sich die einzelnen Phasen einer Wahl in Erinnerung zu rufen und daran entlang Manipulationsrisiken aufzuzeigen. An die Phase Wahlplanung schließt sich bekanntlich der Wahlkampf an, gefolgt von der Durchführung der Wahl in den Wahllokalen der jeweiligen Wahlbezirke des Landes. Dort erfolgt die Stimmenauszählung und von dort wird das Zählergebnis an die zentrale Wahlleitung weitergegeben, die den Wahlausgang erfasst, prüft und amtlich verkündet.

Auf den ersten Blick erscheint die Planungsphase unverfänglich – die Bestimmung der Wahllokale und des zugeodneten Wahlleiters, seines Teams und der dafür notwendigen Ausrüstung und Organisation lassen wir einmal außen vor. Das sich auch dabei schon Unregelmäßigkeiten ergeben können, zeigten die Landeswahlen in Berlin im Jahr 2021, die 2024 wiederholt werden musste. Gründe waren u. a. schlechte Planung und Organisation durch das zuständige Innenressort, dass Wahlberechtigte von der Stimmabgabe wegen fehlender Wahlscheine in einigen Wahllokalen ausgeschlossen wurden, überlange Warteschlangen, die nicht rechtzeitig vor dem Schließen des jeweiligen Wahllokals abgebaut wurden, und das Nichteinhalten der amtlichen Schließzeiten in etlichen Wahllokalen. Wie das Beispiel England unter der damaligen Premierministerin Thatcher andererseits deutlich machte, muss eine Regierung sich beim Festsetzen von Neuwahlen nicht einmal strikt an die Legislaturperiode halten. Sie kann Wahltermine zu Gunsten der Regierungspartei verschieben, wenn es politisch und wirtschaftlich, oder vielleicht auch militärisch opportun erscheint. Das ist juristisch gesehen keinesfalls eine Manipulation, sondern gehört eher in die Rubrik Steuervermeidung, Bilanzschönung u. ä. Ähnlich gelagert ist es bei der Wahlkreisfestlegung. In der Bundesrepublik war ein Neuzuschnitt zuletzt nach dem Wendejahr 1989 angesagt. In Brandenburg hat das Verwaltungsgericht Cottbus im August 2018 entschieden, dass die Stadt Cottbus die Kommunalwahlen von 2014 wiederholen musste. Die Richter bemängelten, dass die Anzahl Bürger in den fünf Wahlkreisen zu sehr schwankte, in einem 12,6 % unterdurchschnittlich zu wenig, im anderen mit 21 % über dem Stadtmittel zu viel [1].

In den USA bestand das Problem nicht nur 2018 bei den Zwischenwahlen, Midterms genannt. Der Zuschnitt, „Gerrymandering" oder „Redistricting", von Wahlkreisen zum Vorteil der Partei, die in einem Bundesstaat an der Macht ist, führte beispielsweise in Pennsylvania dazu, dass Wahlkreise nicht mehr wie vor dem Neuzuschnitt zwischen Demokraten und Republikanern umkämpft waren. Das Oberste Gericht von Pennsylvania wies die Wahlkreisaufteilung aus Fairnessgründen zurück und forderte eine neue Aufteilung [2]. Die gesetzlichen Vorschriften zur Stimmenauszählung wie Verhältnis- oder Mehrheitswahlrecht mit allen Varianten können zu Ergebnissen führen, die scheinbar manipulationsbedingt sind. Eine besondere Art wird in den Sozial- und Politikwissenschaften der USA als „Partisan Symmetry" bezeichnet. G. King, Harvard Universität, führt als Beispiel die Wahlen in Wisconsin an. 2012 erzielten die Republikaner dort 48 % der abgegebenen Stimmen und erhielten dafür 60 % der Parlamentssitze. 2014 gewannen dagegen die Demokraten 48 %, aber sie erhielten nur 36 % der Sitze – bei derselben Wahlbezirksaufteilung [3]. Wenden wir uns abschließend der Aufstellung der Kandidaten- oder Parteienlisten sowie der Liste der Wahlberechtigten zu. Wer das aktive bzw. passive Wahlrecht hat oder wer nicht, ist im Allgemeinen bei Parlamentswahlen gesetzlich klar geregelt. Gleichwohl gibt es weltweit gesehen hier dennoch „Spielraum". So kann eine Regierung oppositionellen Kandidaten das passive Wahlrecht nehmen, indem sie diese im Vorfeld der Wahl aus vorgeschobenen steuerlichen oder strafrechtlichen Gründen anklagt und zu einer Haftstrafe verurteilen lässt, so dass die betroffenen Bewerber von der Kandidatenliste gestrichen werden können. Die Tagesschau der ARD berichtete am Abend des 25.12.2017: „Die zentrale russische Wahlkommission hat im Dezember 2017 den Oppositionsführer Alexej Nawalny offiziell von der Kandidatur für die Präsidentschaftswahl 2018 ausgeschlossen. Einen entsprechenden Beschluss fasste die Kommission. Zwölf Mitglieder des 13-köpfigen Gremiums votierten am Montag für einen Ausschluss, ein Mitglied enthielt sich."

Aber auch die Aufstellung der Kandidaten selbst ist nicht immer frei von Manipulationen. Im Jahr 2017 tauchten bei der CDU in Berlin im Bezirk Steglitz-Zehlendorf 350 gefälschte Stimmzettel bei der Kopf-an-Kopf-

Wahl ihres Kandidaten für die Bundestagswahl 2018 auf [4]. Wie in volksdemokratisch geführten Ländern Kandidatenlisten für Wahlen zum Volkskongress erstellt werden, wird wohl eher nicht dem Grundprinzip „Gleichheit aller Bürger" entsprechen. Aber auch in den USA wurden bei Bundeswahlen in Florida unter Gouverneur Bush, dem Bruder des ehemaligen Präsidenten, George W. Bush, durch restriktive Auslegung des Wahlrechts geringfügig bescholtene Bürger, bei denen vermutet wurde, dass sie eher Kandidaten der Demokraten als Republikaner wählen würden, aus den Wählerlisten gestrichen. Auch bei der Briefwahl durch auswärtige US-Militärangehörige gab es Ungereimtheiten hinsichtlich des fristgerechten Eingangs der eintreffenden Wahlbriefe. Schließlich führten die juristischen Probleme mit der Stimmenauszählung im Jahr 2000 in Florida dazu, dass mehr als ein Monat verging, bis ein Ergebnis feststand. Erst als der Supreme Court letztinstanzlich untersagte, erneut in bestimmten Wahlkreisen Floridas nachzuzählen, konnte der Wahlsieg des republikanischen Kandidaten offiziell bekannt gemacht werden. George W. Bush gewann mit dem hauchdünnen Vorsprung von 537 Stimmen gegenüber seinem Kontrahenten Al Gore [5].

Wie nicht anders zu erwarten, ist auch der Wahlkampf selbst keineswegs frei von Irregularitäten, die bis hin zum Wahlbetrug gehen. Zu den mehr noch traditionellen Mitteln gehören das Entfernen von Wahlplakaten und Wahlaufrufen einer bestimmten Partei oder das Übersprühen oder Überkleben von Plakaten im öffentlichen Raum. Während derartige Aktionen im Allgemeinen lokal begrenzt sind, haben dagegen illegale Wahlkampfspenden landesweite Auswirkungen. Ein Fall von unzählig vielen in aller Welt, jedoch ein besonders fragwürdiger Fall ist der des undurchsichtigen Hedge-Fonds-Milliardärs und Informatikers Robert Mercer, der seine massive finanzielle

Unterstützung in Millionenhöhe für den Kandidaten Trump bei den Wahlen in den USA 2016 geschickt verschleierte [6]. Aber auch CDU und FDP waren hierzulande in der Vergangenheit in illegale Spenden und „Schwarze Kassen" und damit zwangsweise in Datenmanipulationen verwickelt. In parlamentarischen Untersuchungsausschüssen des Bundestags und des hessischen Landtags sowie in etlichen Gerichtsverfahren wurden Manipulationen führender CDU- und FDP-Spitzenpolitiker, insbesondere des ehemaligen Bundeskanzlers Kohl, in mehrfacher Millionenhöhe in Zusammenarbeit mit Top-Managern aus Industrie und Banken – siehe die Flick-Affäre in Kap. 5 – über sage und schreibe mehr als ein Viertel Jahrhundert nachgewiesen [7].

Obige Aktionen und illegale Wahlkampfspenden haben zwar „nur" indirekten Effekt auf das Wahlverhalten der Bürger, da Stimmen nicht direkt gekauft werden, im US-Wahlkampf zeigte sich aber mit dem Skandal um „Cambridge Analytica" erstmals eine neue Qualität der Wahlmanipulation. Erstaunlicherweise gewann Donald Trump die US-Präsidenten-Wahl am 8. Nov. 2016 mit einem Vorsprung von 77.000 Stimmen, obwohl er insgesamt fast drei Millionen Stimmen weniger hatte als seine Konkurrentin Hillary Clinton. Eine Erklärung hierzu lieferte Filmregisseur Th. Huchon in seinem oben zitierten Report in ARTE [6]. Das Wahlkampfteam von Trump um den erzkonservativen Steve Bannon verband sich mit Robert Mercer, Brei-Q3tbart News, und dem auf Datenanalyse spezialisierten Unternehmen Cambridge Analytica sowie Facebook. Das Ziel war, unter Ausschluss der Öffentlichkeit und vor allem der demokratischen Partei unentschlossene Wähler auszumachen, deren Profil zu erstellen – das bei Informatikern und Marketingexperten hoch geschätzte „Profiling", um sie dann gezielt medial zu beeinflussen. Cambridge Analytica nutzte dabei die Facebook-Daten von Millionen Nutzern, filterte außerdem leicht zugängliche persönliche Daten aus dem Internet und glich sie mittels „Similarity Joins" mit gekauften Daten von Banken, Kreditkartenunternehmen und Google sowie Twitter, seit Juli 2023 mit X bezeichnet, ab. „Wie?" fragt sich sicherlich der Leser. Wusste das Team beispielsweise von einem Wähler, dass er der US National Rifle Association (NRA) angehörte, so bekam er Tweets o. ä. mit dem deutlichen Hinweis, im Gegensatz zum Bewerber Trump wolle Clinton ihnen nach der Wahl die Waffen abnehmen. Bis heute nicht vollständig aufgeklärt ist daneben der Einfluss Russlands auf die US-Wahlen von 2016 durch Hacks der Kommunikationsserver der demokratischen Partei, medial gestreuter Falschmeldungen über beide Kandidaten zugunsten von Trump und Angriffe auf das digitale Wahlsystem der USA [8].

Die Wahl selber erscheint auf den ersten Blick weniger gefährdet zu sein hinsichtlich Wahlfälschung und Datenmanipulationen als die anderen Phasen; denn freie, faire und geheime Wahlen erfordern, dass die Wahllokale in einer „entpolitisierten" Gegend liegen, in wahlplakatfreien Räumen stattfinden, für alle Wähler und Wählerinnen gleichermaßen freier Zugang zum Wahllokal und zu den Urnen besteht und in den Wahlkabinen das Wahlgeheimnis gewahrt bleibt. Dennoch bietet sich weltweit gesehen findigen Regierungs- oder Oppositionsparteien sowie Dritten reichlich Gelegenheit, Wähler indirekt zu beeinflussen. Dazu gehören Drohungen, Wahllokale selbst oder Wähler auf dem Weg zu diesen zu behindern oder anzugreifen, wie in den zurückliegenden Jahren beispielsweise durch die Taliban in Afghanistan oder durch regional Aufständische in Afrika geschehen. Fehlende oder eine nicht ausreichende Anzahl von Wahlurnen bzw. Stimmzetteln in großen Land-Staaten Afrikas gehören bisweilen in die gleiche Kategorie. Manipulationen unterschiedlichster Art gibt es allerdings auch in Staaten mit großer parlamentarischer Tradition. Bei ihren Recherchen haben US-Journalisten Indizien auf „massive Manipulation am Wahltag" in Ohio bei den US-Wahlen 2004 gefunden [9]. „So seien Hunderttausende, fast ausnahmslos als Demokraten registrierte Wähler an den Urnen zurückgewiesen worden, weil sie angeblich im falschen Wahllokal waren, nicht auf den Wahllisten standen oder vorgeblich nicht wahlberechtigt waren. In von Demokraten dominierten Wahlbezirken seien außerdem zu wenige Wahllokale mit zu wenigen Helfern und Wahlmaschinen geöffnet gewesen", ebenda. Subtil ist auch die in deutschen Städten und Gemeinden praktizierte Wahlunterstützung („Abholdienst") behinderter oder älterer Wähler oder Wählerinnen durch freiwillige, parteigebundene Wahlhelfer, die diesen Personenkreis von zu Haus abholt, zum Wahllokal bringt und wieder zurücktransportiert. Ist das wirklich immer ganz uneigennützig?

Am häufigsten assoziiert Otto Normalbürger Wahlbetrug mit der Stimmenauszählung. Das gilt wohl gleichermaßen für die klassische manuelle wie maschinelle Auszählung. Bei den abgegebenen Stimmen ist noch zwischen Brief- und Wahllokalwählern zu unterscheiden. Drei Zahlen stehen bei der Aufklärung von Schummeleien im Fokus: Die Anzahl der Wahlberechtigten, die der gültigen Stimmen und die absoluten Stimmenanteile, die ein Kandidat oder eine Partei erzielt. Wie wir noch sehen werden, hängen diese Größen in interessanter Weise miteinander zusammen. So ergaben die US-Wahlen im November 2018, dass bei der Wahl über einen Senatssitz und den Gouverneursposten in Florida der demokratische und der republikanische Kandidat mit einem halben Prozentpunkt so dicht beieinander lagen, dass eine maschinelle Neuauszählung gemäß dem Wahlgesetz in Florida notwendig wurde [10]. Es ist nur zu hoffen, dass die US-Wahlmaschinen korrekt gearbeitet und gespeichert hatten und sich die Ergebnisse reproduzieren ließen. Zweifel an den US-Wahlmaschinen kamen bereits 2004 auf. Die Wahlcomputer, die vom engen Bush-Freund Mark O'Dell produziert waren, sollten manipuliert worden sein. Der Wähler erhielt an diesen Computern keinen Papierausdruck seiner Abstimmung. O'Dells Versicherung, dass es unmöglich sei, seine Wahlmaschinen zu manipulieren, wurde vom „Informatik-Professor Avi Rubin postwendend widerlegt." [9]. Besonders bei den Parlamentswahlen 2011 in Russland fanden Wahlmanipulationen in erheblichem Umfang statt. Die russischen Naturwissenschaftler D. Kobak, S. Shpilkin und M.S. Pshenichnikov legten die Fälschungen anhand der öffentlich zugänglichen russischen Stimmenauszählungen in der Studie „Statistical fingerprints of electoral fraud?" offen [11]. Trägt man in einer Häufigkeitsverteilung für eine Partei, sagen wir beispielsweise Putins Partei „Einiges Russland", auf der Abszisse zweihundert disjunkte Prozentintervalle der Länge 0,5 zwischen 0 % und 100 % ab, und trägt man auf der Ordinate die jeweils zugehörige Anzahl der Wahllokale ein, so müsste sich erfahrungsgemäß bei freier, unabhängiger Wahl und rund 95.000 Wahllokalen in guter Näherung eine Glockenform – auch Gaußkurve genannt – ergeben, siehe Abb. 7.1 [12]. Dies lässt sich mittels eines Zentralen Grenzwertsatzes der Stochastik (Wahrscheinlichkeitstheorie) auch theoretisch begründen, wie man in jedem höheren Lehrbuch der mathematischen Statistik nachlesen kann. Grob vereinfacht ausgedrückt müssen dazu mehrere Voraussetzungen vorliegen: Erstens, eine faire Wahl, bei der alle Wahlberechtigten voneinander unabhängig wählen können und staatlicherseits nicht in Wahlkampf und Wahl selbst wie auch immer eingegriffen wird. Zweitens, keine Teilgruppenbildung durch Konflikte wie Ost/West, Nord/Süd oder Weiße/Farbige, was zur Mehrgipfligkeit führen würde. Vergleiche dazu die unterschiedlichen Stimmenverteilungen in

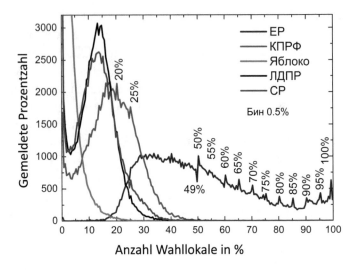

Abb. 7.1   Parlamentswahl Russland 2011. (Putins Partei ist КПРФ [12])

Abb. 7.1, beispielsweise die der Oppositionspartei КПРФ. Viertens, muss es sich um eine breit aufgestellte Partei und nicht um eine kleine Partei mit einem Stimmenanteil nahe der 5 %-Hürde wie in Deutschland oder gar um eine Splitterpartei weit unter 5 % handeln. Schließlich müssen in den jeweiligen Wahllokalen die für jede Partei abgegebenen Stimmen ohne manipulative Eingriffe zusammengezählt und genauso an die zuständige Wahlkommission weitergeleitet werden. Je besser diese Voraussetzungen erfüllt sind, umso eher ergeben sich Eingipfligkeit und nahezu Symmetrie der Stimmenverteilung dieser Partei.

Vergleichsweise weist die Häufigkeitsverteilung der Zweitstimmen für CDU bzw. SPD bei der Bundestagswahl 2009 sehr gut eine solche Glockenform auf [12]. Die darin sich widerspiegelnde Homogenität der Wählerschaft einer Partei ist nicht zwangsläufig überall gegeben. So war die Zweitstimmenverteilung der Partei „Die

Linke" bei der Bundestagswahl 2009 zweigipflig und erklärte sich gut aus dem unterschiedlichen Wählerverhalten
in Ost- und Westdeutschland als geographische Inhomo-
genität, kurz als Ost-West-Unterschied. Die Verteilung
von Putins Partei dagegen ist rechtsschief, d. h. hat ab
etwa 35 Prozentpunkten ein ungewöhnlich weit ausge-
zogenes Auslaufstück nach rechts, also in Richtung eines
Stimmenanteils von 100 %. Deutlich ist die Spitze bei
99 %. Wie bei einem „Krokodilschwanz" zeigen sich Za-
cken oder Spitzen bei den glatten Prozentwerten 60, 65,
70, 75, 85, 95 und 100 %. Verdächtig sind die glatten
oder runden Stimmenanteile, die überwiegend aus Wahllokalen mit hoher Wahlbeteiligung stammen. Weitere detaillierte, statistische Analysen der Wahl in Russland 2011
durch die russischen Wissenschaftler um Kobak erbrachten [11], dass sich in vielen Wahllokalen das Ergebnis für
Putins Partei allein anhand der Wahlbeteiligung verdächtig
genau berechnen ließ. Statt Wählerstimmen auszuzählen,
wurde in bestimmten Wahllokalen auf Geheiß von oben
vom Ansatz, einem Spezialfall des linearen Regressionsmo-
dells, Gebrauch gemacht: Stimmenanteil $\% = p \times$ Wahlbe-
teiligung%. Er beruht auf simpler Korrelation zwischen
Stimmenanteil und Wahlbeteiligung: Der Stimmenanteil
ist danach im Mittel desto höher, je größer die Wahlbeteiligung ist. Hinzukommt die menschliche Schwäche,
ganze oder runde Zahlen bei Zahlenangaben zu bevorzugen. Der geneigte Leser kann dies testen, indem er einen
Mitmenschen bittet, sein Lebensalter zu schätzen. Die
Antwort wird eher 45, 50, 65, … Jahre sein als sechsund-
siebzig Jahre und sechs Monate. Bei Wahlen wie in Russland 2011 führten Korrelation und runde Zahlen zu den
obigen „Häufigkeitsspitzen". Angenommen, in einem von
vielen entsprechend parteipolitisch instruierten Wahllokalen soll der Wahlleiter einen Stimmenanteil für „Einiges
Russland" von 75 % erreichen. Beträgt die offizielle An-

zahl 1620 Wahlberechtigte gemäß Wahlliste, muss er nur das „unverfänglich" aussehende Wahlergebnis von 1215 Stimmen für Putins Partei nach Moskau melden, der Hochrechnungsfaktor *(p)* bleibt streng geheim. Halten wir fest, Mehrgipfligkeit, Korrelation und Glattheit sind für sich genommen kein Indiz für Wahlbetrug und induzierte Datenmanipulation oder gar -fabrikation. Zusammengenommen und mit der Erfahrung aus vorangehenden Wahlen im In- und Ausland erweisen sie sich als wirksames Werkzeug in der Hand des geschulten Datenanalytikers, gefälschte Wahlen als solche zu identifizieren. So gesehen verwundert es nicht, dass die russische Regierung aus dem Wahldebakel von 2011 lernte. So zeigen die Stadtwahlen von Moskau ein Jahr später keine derartigen Auffälligkeiten mehr [11]. Gleiches gilt für die russlandweiten Wahlen in 2018.

Gibt es so etwas wie eine Moral von der Geschichte? Die Moskauer Bevölkerung gab eine weise Antwort im Dezember 2011, als der Verdacht auf Wahlfälschung der Russlandwahlen 2011 erstmals aufkam, nachgewiesen und öffentlich gemacht wurde. Verantwortlich für deren korrekte Durchführung war der Wahlleiter W. Tschurow. „Tschurow glauben wir nicht!" und „Wir glauben Gauß!" stand auf in Moskau gezeigten Plakaten [12]. Es lebe die Gaußsche Glockenkurve!

Literatur

1. das (2018). Gericht: Cottbus-Wahl war nicht fair, Der Tagesspiegel, Nr. 23573, 28.8.2018, S. 11
2. Schäuble, J. (2018). Wo werden die Wahlen entschieden, Der Tagesspiegel, 4.11.2018, S. 4
3. Tarran, B. (Hrsg.) (2018). Gerrymandering, redistricting and statistics, Significance October 2018, S. 39

4. Beikler, S. und Maroldt, L. (2017). Eine Fälschung – und viel Fragen, Der Tagesspiegel, Nr. 23061, (2017), 19.3.2017, S.9

5. Widmann, E. (2020). Nicht immer steht der Sieger der Wahl in den USA am nächsten Morgen fest, Neue Züricher Zeitung, 03.11.2020, https://www.nzz.ch/international/george-w-bush-und-al-gore-bei-der-us-wahl-2000-5-wochen-streit-ld.1585172?reduced=true (Abruf: 3.8.23)

6. N.N. (2018), Fake America great again, Wie Facebook und Co. die Demokratie gefährden, Regie: Thomas Huchon, ARTE, 9.1 0.2018, 20:15–21:15

7. Dettmer, M. und Sven Röbel, S. (2017). Das Ehrenwort, Der Spiegel Nr. 49/2017, S. 42–50

8. Ammann, S. (2016). Russische Wahlhilfe für Trump: Echo des Kalten Krieges, Neue Züricher Zeitung, 26.11. 2016, https://www.nzz.ch/international/manipulierte-social-media-echo-des-kalten-krieges-ld.130809 (Abruf: 10.10.2018)

9. N.N. (2006). Behielt Bush durch Wahlbetrug die Macht?, Hamburger Abendblatt, 6.6.2006. https://www.abendblatt.de/politik/ausland/article107123443/Behielt-Bush-durch-Wahlbetrug-die-Macht.html (Abruf: 28.1.19)

10. dpa (2018). Florida zählt neu aus, Der Tagesspiegel, Nr. 23648, 12.11.2018, S. 4

11. Kobak, D. et al. (2016). Statistical fingerprints of electoral fraud, Significance, August 2016, S. 20–23

12. Shpilkin, S. und Ziegler, G.M. (2013). Zur Weiterverwendung erhaltener Manuskriptauszug

8

Datentrickserei im Taxigewerbe – von Abzocke bis Steuerbetrug

Nimmt es eigentlich Wunder, dass über das Taxigewerbe, weiß Gott nicht nur in Deutschland, Witze gerissen werden wie zum Beispiel den folgenden: Fahrgast: „Sind Sie frei?", Taxifahrer: „Ja, aber nur auf Bewährung!".

Jeder, der im Inland oder Ausland erstmals ein Taxi in einer ihm nicht bekannten Stadt oder Gegend benutzte, hat mit ziemlicher Sicherheit dieselbe Erfahrung gemacht: Er ist übers Ohr gehauen worden, also einem Abrechnungsbetrug „schwarzer Schafe" unterlegen. Dazu gehören dreiste Phantasiepreise wie Fahrtkosten in Höhe von 300 €/10 km, die einem ortsunkundigen Touristen im Jahr 2014 in Berlin abgefordert wurden, siehe [1]. Zu solcher Abzocke rechnen weltweit, unnötige Umwege zum Ziel zu nehmen oder nachts während der Fahrt vom Flughafen zum Hotel den vereinbarten Preis überraschenderweise schlicht zu verdoppeln und gleich noch zu drohen, bei Nichtzahlung den Fahrgast, während ein dunkles Waldstück durchquert wird, unverzüglich samt Koffer an

© Der/die Autor(en), exklusiv lizenziert an Springer Fachmedien Wiesbaden GmbH, ein Teil von Springer Nature 2024
H.-J. Lenz, *Manipulationen und Moneten – Datentrickserei im digitalen Zeitalter,* https://doi.org/10.1007/978-3-658-43848-7_8

die frische Luft zu setzen, wie es dem Autor außerhalb von Sofia, Bulgarien, in den neunziger Jahren passierte.

Wer glaubt, mit derartigen Tricksereien lassen sich alle typischen Mogeleien im Taxigewerbe beschreiben, irrt sich sehr. Die Spanne des Abrechnungsbetrugs im Taxigewerbe war und ist groß. Sie wird finanziell bedeutsam, wenn man gewerbesteuerliche, wettbewerbs- und sozialpolitische Sichten mit einbezieht. Dann kommen Polizei, Zoll, Steuer- und Sozialbehörde mit ins Spiel. Das beginnt mit strafrechtlichem Fehlverhalten betrügerischer Taxifahrer- oder betriebseigener, wenn die Einnahme aus einem Beförderungsfall in die schwarze Kasse wandert, was der Volksmund „Schwarzfahrerei" nennt, oft zu erkennen daran, dass der Fahrer keine Quittung ausstellt oder auch keine Kredit- oder EC-Karten akzeptiert.

Es geht weiter mit dem Fälschen der operativen Betriebsdaten wie u. a. durch Verschwindenlassen von Tankquittungen u. ä. In Großstädten rechnen dazu Lohnbetrug und unethische Ausnutzung gesetzlicher, sozialer Spielräume bei der Leerfahrten- und Pausenregelung und endet da, wo selbst Taxi-Konzessionen veräußert werden, die gesetzlich gar nicht verkauft werden dürften. Einen schnellen Überblick über die Bandbreite der Manipulationen gibt folgende Abb. 8.1.

Beginnen wir mit der Schwarzfahrerei, verantwortet durch Fahrer, Betriebsinhaber oder beiden. Obwohl eine reguläre Personenbeförderung vorliegt, wird diese Fahrt nicht abgerechnet und damit als Leerfahrt eingestuft. Das erhaltene Entgelt wandert in die schwarze Kasse und erhöht die steuerfreien, illegalen Jahreseinkünfte der unredlichen Gewerbetreibenden. Der Dumme dabei ist Vater Staat, also alle Bürger, aber auch die ehrliche Konkurrenz, die dadurch Wettbewerbsnachteile erleidet. Die Erfahrung in Großstädten wie Berlin, Frankfurt, Hamburg, Köln, München usw. in den letzten Jahren hat gezeigt, dass es nicht gelingt, diesen Abrechnungsbetrug den schwarzen Schafen unter den Taxifahrern mit herkömmlichen Abrechnungsmethoden nachzuweisen. Man bedenke, selbst volle Information über die Betriebsdaten reicht nicht: Die Jahresfahrleistung laut Tachometerstand JFL km/a, den fahrzeug- und regional typischen Verbrauch V l/100 km, den Spritpreis P €/l und den regional verschiedenen mittleren Anteil q der Betriebs- an den Gesamtfahrten kennen würde, um die jährlichen effektiven Treibstoffkosten $JTK = q \cdot JFL \cdot V \cdot P$ abzuschätzen. Dies hätte bis zum Jahr 2017 in etwa 40 % der Fälle nicht zum Ziel geführt [2]. Nicht nur waren die digitalen Tachometer manipuliert, sondern Reparaturrechnungen sowie die fahrtproportionalen Betriebsdaten. Dazu rechnen Kosten für Reifenwechsel, Inspektionen, Treibstoff usw. Ein betrügerischer Taxibetrieb „fabriziert" eine komplette individuelle Datenscheinwelt. „Fermi-Abschätzungen" mittels Modellgleichungen mit Fehlern in den Variablen sind nur dann

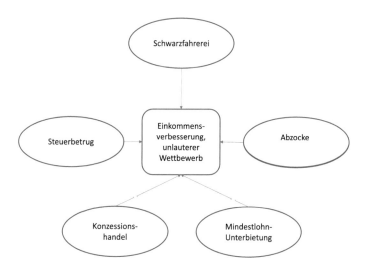

Abb. 8.1   Datentricksereien im Taxigewerbe (Eigendesign)

brauchbar zur Aufdeckung von Manipulationen, wenn unter den Messwerten überwiegend solche ohne systematische Messfälschung und mit „normaler" Messgenauigkeit (Präzision) sind [3]. In einem solch betrügerischen Umfeld hätte es auch nicht geholfen, die Anzahl der Betriebsprüfer zu erhöhen. Sie hätten dasselbe Problem gehabt, den manipulierten Ist-Werten der Wirklichkeit nahekommende Sollwerte gegenüberzustellen.

Um den ausgeklügelten Betrügereien ein für alle Mal ein Ende zu bereiten, haben die Steuerbehörden der Bundesländer mit der gesetzlichen Vorschrift, in alle Taxis beginnend ab 2017 anlässlich der Neukonzessionierung Fiskaltaxameter auf Kosten des Konzessionärs einzubauen, das Problem an der Wurzel gepackt. Nach derzeitigen Erkenntnissen gelten diese als manipulationssicher. In Berlin wurden bis 2022 die letzten Taxis nachgerüstet, da mit der alle fünf Jahre fälligen Erneuerung der Konzession der Einbau neuer Geräte erzwungen wurde. Damit ist Steuerbetrug auf diese Art unmöglich geworden, und auch Abzocke wird erschwert. Vielleicht sollten ortsunkundige Taxikunden auch einmal zu der App „taxi.eu" greifen, mit Google Maps die Länge der vermutlichen Strecke vorweg bestimmen oder auf ihren Smartphones einen Tracker mitlaufen lassen, um Fahrtkosten abzuschätzen.

Wenden wir uns nun dem Konzessionshandel zu, der u. a. in Köln im Jahr 2011 publik wurde [4]. Fest steht, dass nach wie vor ein gesetzliches Verbot besteht, eine Taxikonzession überhaupt zu verkaufen. Dies wurde in dem oben geschilderten Fall wie folgt umgangen. Der Verkauf wird als angebliche Unternehmensveräußerung ohne Autoübergabe getarnt. Was kostet so eine Schieberei? Vor Jahren lag der Anschaffungspreis bei rund € 80.000, 50 % wurden schwarz bezahlt. Der Vertrag über die Unternehmensveräußerung führte offiziell höchstens € 40.000 auf. Die Investition von € 40.000 sind Schwarzgeld und können nur über weitere Betrügereien reingeholt werden. Nehmen wir Folgendes für eine Großstadt an. Die monatlichen fixen Betriebskosten liegen bei € 2000. Es wird zum Schein ein Aushilfsfahrer eingestellt, der aber de facto nachts voll als Alleinfahrer eingesetzt wird und bei 60–70 h/Woche bis zu € 5000 Umsatzerlös monatlich erzielt. Er wird mit 2000 €/Monat entlohnt. Dem Betrieb verbleibt ein Schwarzgeldanteil zur Tilgung etwa in derselben Höhe, wobei zu beachten ist, dass die Umsatzerlöse manipuliert sind und Sozialabgaben einbehalten werden.

Während der illegale Konzessionshandel einiger Betriebe ganz überwiegend ein „langfristig orientiertes Geschäftsmodell" darstellt, bieten sich im täglichen operativen Geschäft weitere Möglichkeiten der Datenmanipulation, die alle das Ziel illegitimer Gewinnerhöhung haben. Dazu werden Lücken in der Sozialgesetzgebung genutzt, eine Situation ähnlich den Steuerschlupflöchern und sog. Steuersparmodellen bei Weltkonzernen. Dies ist nicht illegal, aber verstößt gegen Sitte und Moral. Die Tricks sind denkbar einfach. Die Betrüger müssen nur die Hartz-IV- und Wohngeld-Regelung geschickt in Verbindung bringen mit Halbtagsjobs, beispielsweise als Nachtfahrer, wie oben beschrieben. Die Mindestlohnregelung im Gewerbe kann dabei locker umgangen werden, indem die Fahrer über die Totmannregelung um Pausen geprellt werden, d. h. Wartezeiten einfach zulasten der Fahrer abgerechnet werden [4].

Wie schon beim bandenmäßigen Einkommensteuerbetrug und der Vermögensverlagerung in Steueroasen haben die deutschen Bundes- und Landesbehörden dem Treiben eines Teils des Taxigewerbes zu lange untätig zugesehen. Es war allerhöchste Zeit, die Pandorabüchse von Abrechnungsbetrug durch Schwarzfahrerei mittels neuer, fälschungssicherer Fiskaltaxametern zu schließen. Seit dem 1. Januar 2017 mussten die Berliner Taxibetriebe dazu mit verstärkten Kontrollen insbesondere hinsichtlich der Ordnungsmäßigkeit ihrer Buchführung rechnen. Die Steuerverwaltung führte zusätzlich eine Umsatzsteuer-Nachschau ein und kündigte unangekündigte Kontrollen an [5].

Nach wie vor fragt sich der kleine Mann und der brave Steuerzahler, warum das Treiben von einigen wenigen Taxiunternehmen bloß locker weitergeht, die versuchen, gesetzlichen Pausen- und Mindestlohnregelungen zu umgehen?

Literatur

1. N.N. (2016). Die Tricks der Berliner Taxi-Betrüger, https://www.morgenpost.de/berlin/article208410135/Die-Tricks-der-Berliner-Taxi-Betrueger.html, (Abruf: 12.10.2016)
2. Hasselmann, J. (2017). Bestellte Betrüger, Tagesspiegel, Nr. 23167, 8.7.2017, S. 16
3. Müller, R. M. und Lenz, H.- J. (2013). Business Intelligence, Springer Berlin Heidelberg
4. N.N. (2011). DerWesten, 20.01.2011, https://www.derwesten.de/politik/so-funktioniert-der-betrug-im-taxigewerbe-in-koeln-id4187250.html (Abruf: 15.08.17)
5. Senatsverwaltung für Finanzen (2016). Protokoll zur Besprechung zwischen der Senatsverwaltung für Finanzen Berlin zwischen Vertretern der Steuerabteilung mit Verbandsvertretern des Berliner Taxigewerbes und der IHK Berlin am 30. August 2016

9

Bilanzbetrug – Schönen, Frisieren, Betrügen

Wissen Sie, lieber Leser, wie betrügerische Manager Bilanzen fälschen, wie dies im jüngsten Bilanzskandal bei Wirecard geschehen ist? Es erstaunt doch etwas, wenn man einschlägige deutsche Lehrbücher zur Bilanzierung von Unternehmen aufschlägt, dass ein Ungleichgewicht bei der Vermittlung von Bilanzierungskenntnissen herrscht. Die Regeln zur gesetzeskonformen Erstellung einer Handelsbilanz sowie der Gewinn- und Verlustrechnung (GuV) aus buchhalterischer Sicht nehmen fast den gesamten Raum ein. Dagegen ist wenig über Manipulation von Buchungen und Bilanzfälschung sowie deren Aufdeckung zu erfahren, ganz zu schweigen von Fallstudien darüber als Gegenbeispiele regelkonformer Bilanzierung. Einschlägige Wirtschaftslexika seien ausgenommen. Dies erinnert ein wenig an die Kernfrage der Wissensvermittlung. Jemandem beizubringen, wie man einen Nagel mit dem Hammer in Hartholz schlägt, ist eine Sache. Eine ganz andere

H.-J. Lenz, *Manipulationen und Moneten – Datentrickserei im digitalen Zeitalter,* https://doi.org/10.1007/978-3-658-43848-7_9

ist es, wie und womit man den Nagel wieder herausziehen
kann.

Für den Laien unter den Lesern sei vorab erwähnt, dass
Fachleute unter Bilanzfälschung das vorsätzliche Verfälschen von Bilanzpositionen verstehen. Aus Prestige und
Habgier der Topmanager soll die Vermögens-, Ertrags-
sowie Finanzlage und der Aktienkurs eines Unternehmens in besserem Licht dargestellt werden als sie sind.
Den komplementären Fall, beim Fiskus steuerrechtlich
schlechter auszusehen als handelsrechtlich oder in Wirklichkeit, wollen wir in diesem Kontext nicht betrachten.
Das dazugehörige Wissen muss sich ein Manager durch
„Learning by doing" selbst beibringen, das zur Betrugsaufdeckung manipulierter Bilanz und GuV wird nach wie
vor überwiegend außeruniversitär vermittelt, wie das Angebot an mehrsemestrigen Masterstudiengängen zur forensischen Kriminalistik und zu Compliance an spezialisierten deutschen Hochschulen zeigt. Etwas besser sieht die
Lage aus, wenn man sich über Bewertungsspielräume bei
Bestandsgrößen von Unternehmen, wie dem Anlage- und
Umlaufvermögen bzw. bei Eigenkapital, Rückstellungen
und Rücklagen sowie Verbindlichkeiten im Schrifttum,
informieren will.   Gleiches gilt für die Bewegungsgrö-
ßen Aufwand und Ertrag der GuV. Man denke hier nur
an Abschreibungen auf Vermögensgegenstände einerseits
und Überbewertungen von Immobilien andererseits. Die
Telekom in den neunziger Jahren kurz vor ihrer Umwand-
lung in ein börsennotiertes Unternehmen lieferte dazu ein
repräsentatives Beispiel. Viele Kleinanleger verloren durch
den später eintretenden Kurssturz ihre Altersreserven in
sechsstelliger Höhe. Die genannten Bewertungsspielräume
machen deutlich, dass der Schritt von einer soliden Bilanz-
politik mit handels- und steuerrechtlich zulässigen Jah-
resabschlussbuchungen, über das handelsrechtlich leicht
fragliche Schönen zum kriminellen Frisieren und Betrügen

klein ist. In der digitalen Wirtschaft ist Bilanzbetrug denkbar einfach. Denn es bedarf in der Doppelten Buchhaltung, der Doppik, nur einer einzigen Luftbuchung mittels zweier Klicks, um Erträge vorzugaukeln oder das Vermögen wertmäßig aufzublasen. Scheinumsätze beispielsweise erfolgen durch den Buchungssatz „per Debitorenkonto D1 an Vorräte 4711". Dies bedeutet, das Umlaufvermögen hinsichtlich der Kontenklasse *Forderungen aus Lieferungen und Leistungen* zu erhöhen und entsprechend bei *Vorräte* abzusenken. Es hängt wie so oft vom Einzelfall ab, ob nur Freiheitsgrade legaler Bewertungsspielräume bei Aktiva oder Passiva genutzt werden, fahrlässig falsche Erwartungen in bestimmte Bilanzpositionen einfließen oder schlicht betrügerische Datenmanipulationen vorliegen.

Das Insolvenzverfahren des ehemaligen Dax-Konzerns Wirecard wegen krassen Bilanzbetrugs machte deutlich, dass erstens auf der Ausbildungsseite wohl betriebswirtschaftlicher als auch juristischer Nachholbedarf zum Aufdecken von Bilanzmanipulationen und zur Verbesserung der Managementethik besteht. Zweitens müssen die prüfungspflichtigen Kapitalgesellschaften von staatlicher Seite gezwungen werden, die Vergabe ihrer Jahresabschlussprüfungen einerseits und laufender Beratung andererseits an dieselbe Wirtschaftsprüfungsgesellschaft zu entkoppeln – Berater können sich doch nicht selbst prüfen wie in Kleists „Der Zerbrochene Krug" Dorfrichter Adam in seinem eigenen Fall Recht sprechen will. Damit müssen grundlegende Veränderungen bei der Abschlussprüferaufsichtsstelle (APAS) einhergehen, die für die Qualität der Prüfungen bei Banken, Versicherungen und börsennotierten Unternehmen verantwortlich ist: Sie sollte gezielt umstrukturiert und personell besser ausgestattet werden. Ihre Kompetenzen müssen endlich den „grauen Kapitalmarkt" mit umfassen und sie sollte mehr Publizitätspflichten im Rahmen der EU-Richtlinie von 2014 erhalten [1]. Drittens hatte Vater Staat auf Bundes- und Landesebene seine Aufsichtspflichten durch die Bundesbehörde *Bafin* und die Finanzbehörden zu spät ausgeweitet und wirksamer gemacht und personell nicht genügend aufgestockt. Anzumerken ist, dass auch die Deutsche Börse sich nicht gerade mit Ruhm bekleckerte, nahm sie doch unter viel Getöse Wirecard noch am 24.9.2018 in den Dax auf. Die Pleite verärgert umso mehr, als das finanzielle Fiasko nicht aus heiterem Himmel kam, in der Risikotheorie spricht man da von „unknown unknowns" – also Unsicherheit hinsichtlich Ereignisart und Zeitpunkt. Denn die seriöse Financial Times hatte bereits auf finanzielle Unregelmäßigkeiten im Geschäftsfeld *Südasien* ab Ende Januar 2019 hingewiesen [2]. So bemängelte Schäfer 2020 zu Recht [3], dass die deutschen Aufsichtsbehörden die jahrelangen Leerverkäufe bei dieser Aktie nicht einmal als Verdachtsfall nahmen und diese erst 2018 temporär verboten (Abb. 9.1).

Man könnte sich auf den Standpunkt stellen, dass die Luftbuchungen oder vielmehr die Nichtexistenz von Bankguthaben bei Wirecard, vermutlich in Singapur autorisiert, die zuletzt liquide Mittel in Höhe von 1,9 Mrd.

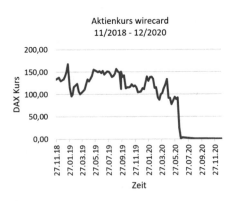

Abb. 9.1 Kursabsturz der wirecard Aktie, Juni 2020. (Eigendesign)

€ auf außereuropäischen Bankkonten vorspiegelten und in die Insolvenz führten, ein singuläres Ereignis im Wirtschaftsleben darstellen. Aber dem ist nicht so, ganz und gar nicht. Der Fall reiht sich weltweit in eine Vielzahl von mehr oder weniger gelagerten Fällen ein, die alle von Habgier und Profilsucht einzelner Topmanager wie im Fall von Wirecard geprägt sind. Unter den spektakulären Fällen sind nahezu alle Branchen vertreten, also scheint das Problem branchenunabhängig zu sein.

Die Pleite der P&R Gebrauchtcontainer Vertriebs- und Verwaltungs GmbH im März 2018 mit einem Schaden von fast zwei Milliarden Euro war seinerzeit neben dem Flowtex-Skandal, auf den wir noch zu sprechen kommen, der zweitgrößte Bilanzbetrugsfall seit der Gründung der Bundesrepublik [4]. Den Ermittlern zufolge wurden ab dem Jahr 2007 mehr Container an etwa 54.000 Privatanleger auf dem „grauen Kapitalmarkt", dem kaum regulierten Bereich der Kapitalmärkte, verkauft als vorhanden waren [5]. Diese hatten zum Zeitpunkt der Insolvenz rund 3,5 Mrd. € investiert. Firmengründer Heinz R. vermietete die Container an Frachtunternehmen weiter, um die attraktive Rendite für die Anleger zu finanzieren. Dazu bot er den Investoren ein Rückkaufsrecht nach fünf Jahren an. Die Gelder von Neuanlegern wurden zur Auszahlung scheinbar erwirtschafteter Renditen an die bisherigen Kunden verwendet, also wurde ein klassisches Schneeballsystem installiert. Wie die Presseagentur dpa im Jahr 2018 berichtete, wurden neben den 630.000 existierenden Containern etwa eine Million verkauft, die es gar nicht gab [4]. Entsprechend frisierte P&R die Bilanzpositionen durch Luftbuchungen.

Spektakulär war auch die Pleite von Enron. Scheinbar gute Geschäftszahlen des großen US-Gashändlers trieben den Kurs in die Höhe. In 2001 ordnete die US-Börsen-

aufsicht SEC eine Voruntersuchung aufgrund eines An-
fangsverdachts an, worauf Enron noch im selben Jahr
bankrottging. Es stellte sich heraus, dass bis dahin die
Gewinne um satte 1,2 Mrd. US$ zu hoch ausgewiesen
wurden, und die Verbindlichkeiten sich auf 30 Mrd. US$
beliefen [6]. Die Verschleierung des Bilanzbetrugs beruhte
auf falschen Wertansätzen bei Termingeschäften, Eigenge-
schäften mit Unternehmenstöchtern in Steuerparadiesen
und Falschbewertung von Bilanzpositionen. Wie so oft
bei Schieflagen, in die Großunternehmen geraten, kassier-
ten etliche Manager zuletzt noch hohe Boni und selbst der
CEO Kenneth Lay erhielt eine Abfindung von dreihundert Mio. USD.

Bilanzbetrug ist weder ein europäisches noch ein ame-
rikanisches Problem, sondern ein weltweites Phänomen.
Dies zeigten beispielsweise die gefälschten Bilanzen bei
dem berühmten Technologiekonzern Toshiba, Japan. Der
Konzern hatte seit 2008 den operativen Gewinn um satte
152 Mrd. ¥ oder 1,2 Mrd. € aufgebläht [7]. Ebenfalls
milliardenschwerer Bilanzbetrug wurde dem japanischen
Kamera-Hersteller Olympus anlässlich eines Wechsels in
der Führungsspitze 2011 nachgewiesen. Die Ermittlungen
einer Untersuchungskommission, die die neue Konzern-
leitung einsetzte, ergaben versteckte Verluste in Höhe von
134,8 Mrd. ¥ (1,3 Mrd. €), an der immerhin neunzehn
Manager beteiligt waren [12]. Wie wurde gefälscht? Die
Verluste aus Anlagegeschäften in den 90er Jahren waren
schlicht mit überhöhten Zahlungen bei Unternehmens-
übernahmen durch Saldierung vertuscht, anstatt sie ge-
trennt in GuV und Bilanz auszuweisen.

Kehren wir nach Europa zurück. Hier kamen 2013 aus
der 1624 gegründeten Banca Monte die Paschi, Siena,
Italien, existenzbedrohende Informationen über deren
Finanzgebaren und gefälschte Bilanzen. Wie Fernsehen,
Radio und Zeitungen in Italien und Westeuropa ausführ-

lich berichteten, blieben die Hintergründe teilweise ungeklärt; denn „Warum wollte die Monte die Paschi unbedingt die ins Trudeln geratene Bank Antonveneta aufkaufen, und zwar für sage und schreibe 17 Mrd. €, obwohl diese nur zwei Milliarden wert war?" [8, 9]. Dass dieses Rätsel nicht restlos aufgeklärt werden konnte, lag auch daran, dass der Sprecher der Bank durch einen Sprung aus seinem Bürofenster im März 2013 zu Tode kam [9]. Die Ursache seines Todes blieb bis heute ungeklärt.

Bilanzbetrug wird es immer und überall geben, kehren wir daher nach Deutschland zurück und zu dem größten Bilanzskandal, der sich vor vierundzwanzig Jahren in der deutschen Wirtschaftsgeschichte ereignete: Flowtex Technologie GmbH & Co. KG, Ettlingen. Die Firma stellte Horizontalbohrmaschinen her, die Kabel für verschiedene Medien unterirdisch verlegen konnten, erstmals ohne Straßen oder Grünflächen dabei aufzureißen. Die Banken gewährten Inhaber M. Schmider willig ohne ernsthafte Prüfungen Millionenkredite, um angeblich 3142 derartige Maschinen herzustellen [10]. Flowtex verkaufte diese dann an Investoren weiter, um sie gleich danach zurück zu leasen. So weit so gut. „Tatsächlich baute Flowtex aber bloß 270 Geräte, an die sie einfach immer neue Seriennummern schraubten. Um die Leasingraten zahlen zu können, mussten immer mehr fiktive Maschinen verkauft werden – ein Schneeballsystem" [10]. Der ganze Schwindel beruhte wieder einmal auf Luftbuchungen und fiel den beteiligten Banken als Kreditgeber nicht weiter auf, was auch nicht verwunderlich war. Erst Ermittler in Portugal fanden Phantom-Rechnungen über Bohrmaschinen-Lieferungen eines Herstellers, der längst pleite war. Die im Hintergrund abgelaufenen Datenmanipulationen waren recht simpel. Ein eingeweihter Finanzbuchhalter oder der kriminelle Firmeninhaber selbst mussten nur eine Datenbanktransaktion mit dem Buchungssatz „per Sachanlagen

_Maschinen an Kreditoren $K_{Portugal}$" mit passender Wertstellung in Höhe des gefakten Rechnungsbetrags starten. Anfang 2000, nur wenige Tage vor dem geplanten Börsengang, wurde Flowtex-Inhaber Schmider festgenommen. Der Schaden des Bilanzbetrugs summierte sich auf satte fast 1,5 Mrd. € [10].

Die Rauchschwaden der Skandale um Flowtex, Wirecard und andere sind noch nicht verzogen, da taucht ein weiterer Milliardenskandal durch Bilanzbetrug und Scheingeschäfte auf, der die deutsche Wirtschaft, hier die Möbelwirtschaft, in Misskredit bringt. Es handelt sich um die Pleite des internationalen Möbelkonzerns Steinhoff [13]. Hier mussten sich der frühere Top-Manager M. Jooste wegen Anstiftung und ein Treuhänder wegen Beihilfe am LG Oldenburg verantworten. Die Kammer wirft den Beklagten vor „Buchgewinne aus Scheingeschäften in die Bilanzen konzernzugehöriger Gesellschaften hineingeschrieben zu haben." [13]. Dies ging einfach wie folgt vonstatten. „Mit diesen Scheingeschäften soll die Bilanz um mehr als 1,5 Mrd. Euro aufgehübscht worden sein" [13]. Nicht genug damit, wurden erworbene Immobilien gleich noch um 820 Mio. € zu hoch bilanziell ausgewiesen [13]. Ist da nicht noch unter den weltweit vergleichbaren Fällen ein besonders spektakulärer in New York City – Stichwort Trump Tower – des Ex-Präsidenten D. Trump gerichtlich anhängig? Wie sagt der Volksmund treffend: „Wenn schon, denn schon".

Was sind die Schlussfolgerungen aus der nie endenden Folge von Bilanzskandalen und Luftbuchungen? Vielleicht die: „Macht die Augen auf – Banken, Investoren, Staat – und nicht den Beutel! Eines der international agierenden Wirtschaftsberatungsgesellschaften aus dem Kreis der *Big Four* schlug schon vor Jahren das Offensichtliche vor: Erstens Schwachstellen und Einflussfaktoren im Unternehmen zu definieren und deren Risiko hinsichtlich von Bilanzfälschung abzuschätzen, zweitens Plausibilitätsrechnungen zwischen Realität und Datenbankwelt durchzuführen und drittens ein internes Kontroll- und Regelsystem zu etablieren, Verwaltungs- und Entscheidungsprozesse zu standardisieren und Kompetenzen klar zu verteilen [11]. Selbst solide Plausibilitätsrechnungen, die Teil der forensischen Datenanalytik sind, tun sich in einem solchen betrügerischen Umfeld schwer. Für die derzeit scheinbar omnipotente KI (Künstliche Intelligenz), die ab den sechziger Jahren nur eine Handvoll Informatiker interessierte und erst nach der Jahrtausendwende in aller Munde ist, gilt gleiches. Denn vom Anfangsverdacht an stehen nur wenige (partielle) Informationen, abgesehen von schlichtweg Falschinformationen, zur Verfügung. Man denke nur an Scheinrechnungen, Luftbuchungen, fehlende Originalbelege oder gefälschte Belege zu Finanzdaten, wie es bei Wirecard und den anderen genannten Unternehmen typisch der Fall war. Flankierende Maßnahmen müssten heutzutage auch organisatorischer Art sein, wie klar kodifizierte und transparent gemachte Sanktionen und Beauftragte im Vorstand oder der Geschäftsführung mit dem Kompetenzbereich Compliance. Wie wusste schon die voll Weisheit verfasste Bibel zu berichten: „Prüfet alles, aber das Gute behaltet."

Literatur

1. Beckert, N. (2020). Lasche Kontrollen der Kontrolleure, Der Tagesspiegel, Nr. 24058, 9.1.2020, S. 15
2. boerse.ard (2020). Vorwürfe gegen Wirecard: Chronologie der Ereignisse, 2020, https://boerse.ard.de/boersenwissen/boersengeschichte-n/wirecard-vs-ft-chronologie-der-ereignisse100.html (Abruf: 29.07.2021)

3. Schäfer (2020). Wenn alle wegschauen. Tagesspiegel, Nr. 24230, 5.7.2020, S. 8

4. dpa (2018). dpa Pressemitteilung, P&R-Container sind ein Milliardengrab, Der Tagesspiegel, Nr. 23623, 18.10.2018, S. 16

5. afp (2019). AFP Pressemitteilung, Anklage nach Pleite von P&R, Der Tagesspiegel, Nr. 23733, 3.2.2019, S. 15

6. wiki   (2020).   www.wikipedia/wiki/Enron   (Abruf: 22.02.2020)

7. dpa (2015). Pressemitteilung, Gefälschte Bilanzen bei Toshiba, Der Tagesspiegel, Nr. 22467, 22.07.2015, S. 13

8. Arte (2017). Tod eines Bankers, Dienstag, 12.12.2017, 21:50 Uhr

9. Rother, H.-J. (2017). Nur die Witwe trauert, Der Tagesspiegel, Nr. 23322, 12.12.2017, S. 27

10. Stieber, B. (2019). Flowtex-Skandal: Manni for nothing, https://www.capital.de/wirtschaft-politik/manni-for-nothing (Abruf: 5.6.2019)

11. Kurz, Ch. (2019). Bilanzbetrug: Das unternehmerische Zahlenwerk im Fokus der Manipulation, PWC Österreich, https://www.pwc.at/de/aktuelle-themen/bilanzbetrug.html(Abruf 13.09.23)

12. Focus,   https://www.focus.de/finanzen/finanz-news/olympus-neuanfang-nach-bilanzbetrug_aid_691641.html, (Abruf: 7.12.2011)

13. Stock, L. et al. (2023). Wegen Bilanzfälschung Prozess gegen Ex-Steinhoff-Manager beginnt, Der Tagesspiegel, 17.4.2023, S. 19

10

Betriebs- und Heizkostenabrechnungen – Schein und Sein

Ganz ehrlich einmal, lieber Leser, haben Sie sich schon einmal der Mühe unterzogen, Ihre jährlich anfallende Betriebs- und Heizkostenabrechnung (HBK-Abrechnung), falls Sie eine Mietwohnung bewohnen, auf Korrektheit des Zahlenwerks zu prüfen? Immerhin machen die Nebenkosten als sog. „zweite Miete" lt. Deutschem Mieterbund etwa 35 % der Jahresmiete aus. In deutschen Großstädten schätze ich den Anteil der zu einer Prüfung entschlossenen Mieter auf weit unter fünfzig Prozent. Zugegeben, der Reiz, eine HBK-Abrechnung durchzusehen, gleicht dem, die alljährliche Einkommensteuererklärung selbständig zu erstellen. Die Argumente Unwilliger, darunter selbst Akademiker, sind meines Wissens immer wieder dieselben: „Zu mühselig", „Keine Zeit", „Kaum verständlich", „Ähnlich zum Vorjahr" und „Lohnt sich nicht". Panorama vom NDR berichtet 2018, dass in Hamburg 77 % der Nebenkostenabrechnungen nicht korrekt waren [1]. Wie eine Vielzahl gerichtlicher und außergerichtlicher Amtsgerichtsurteile zeigt, an denen der Autor direkt oder indirekt beteiligt war, sind bis zu dreistelligen Rückerstattungen vornehmlich von falsch berechneten Betriebs-, aber auch von Heizkosten drin. So gesehen gilt auch hier das Sprichwort „Vertrauen ist gut, Kontrolle ist besser".

Das Phänomen, dass viele Mieter scheuen, ihre HBK-Abrechnung zu überprüfen, ist nur auf den ersten Blick hin verwunderlich. Anfangs geht es doch nur um eine Handvoll Zahlen: Die Hauptkenngröße ist die Gutschrift oder Nachzahlung, ergänzt um die Gesamtsumme der Betriebs- und Heizkostenkosten und der geleisteten Vorauszahlungen im Abrechnungsjahr. Ein Vergleich mit dem Vorjahresergebnis scheint bereits ausreichend. Ist es aber nicht; denn beispielsweise liegt bei einem Wohnungseinzug keine Abrechnung vom Vorjahr vor. Andererseits bedeutet eine geringe Abweichung der Hauptkenngröße zum Vorjahreswert noch lange nicht, dass die Vorjahresabrechnung selbst korrekt war.

Ist ein Mieter also nicht sicher, ob eine korrekte Abrechnung des Vermieters (im Sinne eines „ehrbaren Kaufmanns") vorliegt, oder gab es in der Vergangenheit keine Beanstandungen, so bleibt ihm nichts anderes übrig als nachzurechnen, sich über die Regeln zur Kostenabwälzung in der Betriebskostenverordnung zu informieren und gegebenenfalls in die Details der Einzelpositionen einzusteigen. Diese Mühsal ist auch dann erforderlich, wenn ein Rechtsanwalt eingeschaltet wird, um eine Kostensenkung gerichtlich durchzusetzen; denn Juristen prüfen nur ungern Formeln, was in dem Spruch „Judex non calculat"-Richter rechnen nicht – zum Ausdruck kommt. Deren Unterstützung liegt eher darin, dem Einspruch eine formaljuristisch korrekte Form vor Gericht zu geben. Folglich muss der Mieter zuerst einmal die Werte von bis zu siebzehn Kostenarten, die Gesamtsumme der Kosten und der Vorauszahlungen sowie fünf Positionen der Heizkosten-

abrechnung mengen- und wertmäßig unter die Lupe nehmen. Zur ersten Kostengruppe rechnen Straßenreinigung,
Müllabfuhr, Frischwasserversorgung, Abwasserentsorgung,
Hausreinigung, Gartenpflege, Versicherungen, Grund-
steuer usw. Bei der Heizkostenabrechnung sind neben der
Gesamtsumme Energieverbrauch, Heiznebenkosten und
Grund- und verbrauchsabhängige Kosten zu betrachten.
Zugegeben, die Analyse mehr und mehr detaillierter (dis-
aggregierter) Daten wird zunehmend aufwendiger, zumal
bei genauerer Betrachtung im Falle eines erhärteten Verdachts hinzu kommt, jede Kostenposition aus den zugrunde liegenden Originalrechnungen in Verbindung mit
den gesetzlichen Umlageregeln rechnerisch herleiten zu
müssen.

Im Folgenden werden Schein und Sein solcher Abrechnungen exemplarisch illustriert. Widersprüche lassen sich
qualitativ durch Prüfungen, beispielsweise von Anschrift
und Datum des Mietobjekts und quantitativ mittels Plau-
sibilitäts- oder Vergleichsrechnungen – im Fachjargon der
Naturwissenschaftler „Fermi-Abschätzungen" genannt –
aufdecken. Der Vollständigkeit halber sei erwähnt, dass
Fälle von im Mietvertrag zu groß ausgewiesener Woh-
nungsnutzfläche hier nicht betrachtet werden. Dies ist
wirtschaftlich gesehen für den Mieter nicht unerheblich,
da die Umlage der Betriebskosten ganz überwiegend proportional zur Nutzfläche der Wohnung und die der Heizkosten zur Hälfte proportional zum Energieverbrauch und
der Wohnfläche erfolgt. Erwähnt sei nur, dass die Amtsge-
richte bei Streitigkeiten erst dann einschreiten, wenn eine
Quadratmeter-Abweichung von mindestens 10 % vorliegt.

Betrachten wir zuerst die Wasserkosten. Im hier be-
trachteten Fall handelt es sich um eine Wohnanlage mit
siebzig Mietparteien in Berlin. Die Akteure waren neben
den Mietern die Hausverwaltung, die für einen stiftungs-
nahen Eigentümer handelte, und die Berliner Wasserbe-

triebe (BWB). Die jährliche Abrechnung der Wasserkosten zwischen Hausverwaltung und BWB beruht auf vier Vorauszahlungen des Vermieters an die BWB und einer Jahresabschlussrechnung der BWB. Es lohnt sich stets zur Prüfung der Betriebs- und Heizkostendaten diese zu visualisieren und nicht nur tabellarisch zu betrachten. Das Diagramm der Zeitreihe von Wasserverbrauch und -kosten je Jahr, das ein einfaches, evidenzbasiertes Hilfsmittel jeder zeitbezogenen Datenanalyse ist, zeigte in der Vergangenheit keine Auffälligkeiten mit Ausnahme einer kleinen Delle im Vorjahr, wies aber am aktuellen Rand eine krasse Steigerung der Kosten von ca. 32 % im Vergleich zum Vorjahr auf.

Wasserverbrauch und -kosten je Jahr, siehe Abb. 10.1, lassen einen schwach ausgeprägten Trend mit sehr geringer Streuung der Werte um den Trend herum erkennen. Allein schon wegen der Größenordnung der Kostensteigerung – immerhin zweistellig – schien eine detaillierte Prüfung angebracht. Dabei fanden zwei Faustregeln Beachtung: „Prüfe zuerst leicht nachprüfbare Positionen" und „Prüfe

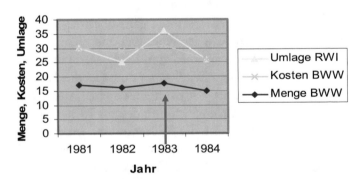

Abb. 10.1 Wasserkostenabrechnung 1982–83 in einem Mietsobjekt (Eigendesign)

sowohl die Preis- als auch die Mengenkomponente jeder Kostenart". Eine telefonische Preisrecherche bei der städtischen BWB ergab eine Tarifanhebung beim Frischwasser von knapp 5 %. Der Wassermehrverbrauch als prozentuale Abweichung des Vorjahresverbrauchs vom aktuellen, an den Wasseruhren abgelesen, die an den Einzelgebäuden angebracht waren, lag bei +1 % und damit in der Größenordnung vom Vorjahr. Diese Daten widersprachen völlig einem 32 %-Kostenanstieg. Die Zweifel waren plausibel, da die Verbrauchseinflussgrößen wie Wetter, Mieterbestand, Verbrauchsgewohnheiten als zeitlich unverändert gelten konnten, und Meldungen über Havarien wie Leitungsschäden o.ä. laut Hauswart nicht vorlagen. Die sich anschließende Einsicht in die Abrechnungsbelege und Originalrechnungen ergab, dass die Frischwasserkosten anhand von fünf Teilrechnungen und einer Endabrechnung der BWB berechnet waren. Nach der Verordnung über die Aufstellung von Betriebskosten (Betriebskostenverordnung – BetrKV) dürfen jedoch vergessene Quartalsabrechnungen nicht in das Folgejahr übertragen werden.

In einem anderen Fall trickste ein Hausverwalter und Eigentümer von Plattenbauten auf Rügen bei der Wasserkostenabrechnung noch dreister. Er berechnete seinen Mietern Frischwasserkosten von 13,31 €/cbm, während der örtliche Wasserverband lediglich 4,88 €/cbm in Rechnung stellte [1]. Die Differenz erklärt sich dadurch, dass per Vertrag zwischen Wasserverband und Hausverwaltung Firmen desselben Eigentümers als Zwischenhändler eingeschaltet wurden, allein mit dem Ziel, die Kapitalrendite der Wohnungsanlage quasi durch die Hintertür – hier die Betriebskosten – zu erhöhen. Dies kann rechtlich als krasser Verstoß gegen das Prinzip der Wirtschaftlichkeit einer Hausbewirtschaftung angesehen werden [2].

Der zweite Fall betrifft Heizkosten und speziell die Betriebsstromkosten als Teil der Heiznebenkosten. In dem fraglichen Objekt in Berlin-Westend ging es in den neunziger Jahren um die – durchaus intellektuell ansprechende – Frage, ob es sein kann, dass der Ölverbrauch des Brenners der Heizanlage in einem Wohnobjekt sinkt, aber gleichzeitig der Betriebsstrom für den Brenner deutlich steigen kann. Halten Sie das für möglich, lieber Leser? Die Frage war Ausgangspunkt des Verdachts auf eine fehlerhafte Heizkostenabrechnung. Die zeitliche Entwicklung von Öl- und Stromverbrauch in Diagrammform verdeutlichte, dass bis auf das aktuelle, zu prüfende Jahr bislang keine Auffälligkeiten existierten. Eine Anfrage beim Institut für Verfahrenstechnik der TU Berlin ergab Folgendes. Der Effekt „Ölverbrauch fällt, Betriebsstromverbrauch des Brenners steigt" ist dann möglich, wenn das Wetter in der Stadt hinreichend viele „Kapriolen" schlägt, will heißen, dass die winterlichen Tag- und Nachttemperaturen im Berichtsjahr sägezahnförmig gewesen sein müssten. Dies hätte zur Folge, dass der Brenner entsprechend anspringt, sich wieder abschaltet und dabei erfahrungsgemäß besonders viel Strom zieht. Allerdings widersprachen die meteorologischen Daten für Berlin der Freien Universität Berlin komplett dieser These. Die Hausverwaltung wurde mit diesen Ergebnissen konfrontiert und zog kurz darauf ihre Heizkostenabrechnung erstmal zurück. Einer späteren Mitteilung zur Folge hatten Handwerker versehentlich die Stromleitung des Brenners angezapft, um den neu erstellten Anbau der Hausmeisterwohnung in der Winterzeit zu trocknen. Der Verwalter legte nach etwa drei Wochen eine korrigierte Heizkostenabrechnung mit deutlich nach unten korrigierten Betriebsstromkosten vor. Im Übrigen stand das Zahlenwerk damit wieder im Einklang mit der Proportionalitätshypothese von Betriebsstrom und Ölverbrauch.

Beim dritten Fall betrachten wir die Betriebskostenposition „Hausmeisterkosten". Deren Umfang wird wie bei allen Betriebskostenarten in der Betriebskostenverordnung geregelt. Vom seltenen Fall, das die Betriebskosten pauschal im Mietvertrag ausgewiesen werden, sehen wir ab. Nach § 2, Nr. 14 BetrKV, gehören zu den Hausmeisterkosten die Vergütung einschließlich der Sozialbeiträge und sonstige geldwerten Zuwendungen, die dem Hauswart für seine Arbeit gewährt werden. Ausdrücklich ausgeschlossen sind reparaturartige Instandsetzung, Erneuerung, Schönheitsreparatur und reine Hausverwaltungstätigkeit. Der betrachtete Fall bezieht sich auf das bereits oben angesprochene Mietobjekt, das eine Grundstücksgröße von knapp 8000 qm hat. Im Jahr 1989 beliefen sich die Hausmeisterkosten auf sage und schreibe 54.471,27 DM/a, eine wirklich erstaunliche Höhe, die zur damaligen Zeit in etwa dem Jahresgehalt eines wissenschaftlichen Assistenten an deutschen Universitäten entsprach. Dies gab Anlass, allein aus gesundem Menschenverstand heraus Zweifel an der Richtigkeit der vorgelegten Abrechnung zu hegen. Der Berliner Mieterbund ging seinerzeit von durchschnittlichen monatlichen Hausmeisterkosten von 0,23 DM/(qm·m) aus. Für eine plausible Gegenrechnung wurde ein oberer Wert von 0,30 herangezogen, der zu rund 28.000 DM für das Jahr 1989 führte, also grob der Hälfte. Nach mehreren, aus Sicht der Mieter erfolgreichen Amtsgerichtsverfahren wegen überhöhter Hausmeisterkosten wurde schließlich vor Gericht erreicht, nicht nur wie bislang die jährlichen Hausmeisterkosten auf ein „normales Niveau" abzusenken, sondern auch erstmals Einsicht in den Arbeitsvertrag des Hauswarts zu bekommen. Es stellte sich heraus, dass er für die Hausreinigung und Gartenpflege vertraglich zuständig war, diese Leistung aber nie erbrachte. Stattdessen wurden jährlich zusätzlich für die Hausreinigung DM 4466 und für Gartenpflege 7630 auf die Mieter umgelegt. Ein Schriftprobenvergleich eines seiner Mieterrundschreiben mit einer handschriftlichen Anmerkung zur letzten HBK-Abrechnung bewies, dass der Hausmeister selbst die Betriebskosten für den Verwalter berechnete. Damit verschleierte die Hausverwaltung vorsätzlich die gesetzlich unzulässige Umlage von Verwaltungskosten auf die Mieter. Ein Fall klaren betrügerischen Abrechnungsbetrugs.

Wer denkt, diese Art von Datenmanipulationen sei einmalig, irrt sich sehr. Ein Urteil des AG Berlin-Mitte von 2018, AZ: 18 C 46/17, zeigt, dass auch bei den Hausmeisterkosten das Gebot der Wirtschaftlichkeit zu beachten ist [2]. In Berlin betrug damals die Spanne der Hausmeisterkosten je Monat und Quadratmeter zwischen 0,06 und 0,36 €, der Umlage lag aber ein Wert von 0,67 € zugrunde.

In unserem letzten Fall betrachten wir ein vertracktes Problem der Heizkostenabrechnung. Hier handelt es sich um ein Mehrfamilienhaus in Kulmbach, Franken, und um eine Wohnung, die ab 2008 an den neuen Mieter B vermietet wurde. Während es mit dem Vormieter A in den Jahren 1984–2007 keine Streitigkeiten über die Höhe der Heizkosten gab, hielt B ab seinem ersten Mietjahr die Heizkosten mengen- und wertmäßig für völlig überhöht. Dem widersprach der Hauseigentümer vehement. Im Jahr 2010 wurde der Streit gerichtsanhängig. In der Tat zeigte ein Vergleich des mittleren Verbrauchs an Erdgas eine Steigerung von fast 339 % vom Vormieter zum Nachmieter. Entsprechend hatten sich die Heizkosten der Wohnung erhöht. B bemängelte vor Gericht die alte Bausubstanz des Hauses, den Leerstand einer seiner Nachbarwohnungen und eine ineffiziente Heizungsanlage. Tatsache war allerdings, dass sich keiner dieser vermeintlichen Einflussfaktoren im fraglichen Zeitraum 2008–2010 wesentlich geändert hatte. Eine detaillierte Datenanalyse mittels statistischer Tests und Visualisierung durch sog. Box-Plots ergab, dass mit der signifikanten Verschiebung des jährlichen Energieverbrauchs eine nachweisbare Verringerung der Streuung (Standardabweichung) des mengenmäßigen Erdgasverbrauchs einherging. Noch krasser zeigt sich in Abb. 10.2, dass der maximale Verbrauch von A in den Vorjahren dem minimalen von B im aktuellen Zeitraum nahezu entspricht. Im Klartext: Der Wärmeenergieverbrauch des Neumieters erhöhte sich um mehr als das Dreifache im Vergleich zum Altmieter, während gleichzeitig die Schwankungen seines Verbrauchs sich halbierten. Wie geht sowas?

Unter der Prämisse „Ceteris paribus" lässt sich dieser Effekt nur dadurch erklären, dass Mieter B die Raumtemperatur tagein tagaus durch Öffnen der Fenster regelte. Aufnahmen mit zeitlich stichprobenartig durchgeführten Messungen mit einer Wärmebildkamera bestätigten schließlich diese Vermutung. Damit schien das Amtsgerichtsverfahren zugunsten des Vermieters entschieden. Aber dem war nicht so. Denn ein vom Mieter beauftrag-

abs. Verbrauch (VeWe)	Altmieter	Neumieter
13000		o
12000		Me,Mi,Q25%Q75%
11000		o
10000	o	
9000		
8000		
7000	Q 75%	
6000	Me MI	
5000	Q-25%	
4000		
3000	o	

Abb. 10.2 Vergleich der Verbrauchsniveaus von Alt- und Neumieter mittel Box-Plots. ° geben Minima und Maxima wieder, Q repräsentiert 25 %/75 %-Prozentpunkte, Me und Mi Halb- und Mittelwerte (Eigendesign)

ter Sachverständiger hatte festgestellt, dass die Messgeräte an den Heizkörpern in der Wohnung nicht gesetzeskonform hinsichtlich ihres Abstands zu den Radiatorrändern angebracht waren. Das AG Kulmbach verfügte daher, die Heizkosten rein wohnflächen- und nicht zur Hälfte verbrauchsproportional zu berechnen, was dem Energieverschwender B selbstverständlich sehr entgegenkam. Dieser zivile Rechtsstreit war damit beendet. Der Hauseigentümer versuchte die Installationsfirma, die die Energiemessgeräte fehlerhaft anbrachte, für den ihm entstandenen Gesamtschaden haftbar zu machen – vergeblich, weil Verjährungsfristen vom mit Mandat betrauten Rechtsanwalt des Klägers nicht beachtet wurden.

Was sind die Schlussfolgerungen aus all diesen Fällen? In Zeiten von Big Data basieren simple Datenanalysen, wie die hier vorgestellten alljährlichen HBK-Abrechnungen, nur auf wenigen Daten im Kilobyte Bereich. Sie müssen um Kennziffern für die einzelnen Kostenarten, die die lokalen Mieterverbände veröffentlichen, Vergleichswerte ähnlicher Mietobjekte von Verbraucher-Schutzvereinen und um plausible Annahmen über das Geschehen im konkreten Anwendungsfall – überwiegend mühselig manuell – ergänzt werden. Dabei sind Vergleichsrechnungen mittels statistischer Verfahren einschließlich zweckmäßiger Datenvisualisierung   hilfreich. Ein Plausibilitätsvergleich beruht wesentlich auf Sachkenntnis, Erfahrung sowie methodischem Wissen in der Datenanalyse. In jedem Fall sollten die Originalunterlagen vor jedem Einspruch genau studiert werden, um die Einwendungen spätestens bei einer Klage vor dem zuständigen Amtsgericht juristisch und gerichtsfest zu untermauern. Erst dann kann über Recht und Unrecht oder Sein und Schein entschieden werden. Dies ist eine Vorgehensweise, die sich auch im Controlling und bei Compliance-Fragen seit langem bewährt hat. Sie entspricht dem Grundgedanken, den

Max Planck im naturwissenschaftlichen Umfeld so ausdrückte: „Erst kommt das Erkennen, dann erst das Anwenden."

Literatur

1. Panorama (2018). Abzocke von Mietern? Wie eine Hausverwaltung bei den Nebenkosten trickst, NDR, 28.09.2018
2. dpa-Pressemeldung (2018). Der Tagesspiegel, Nr. 23556, 11.8.2018, S. 11

11

Abrechnungsbetrug in der Gastronomie – Süßer die Kassen so klingen

Manchmal ist es gar nicht so falsch, sich wie in dem Film „Die Feuerzangenbowle" von 1944 ein wenig dumm zu stellen und aus dieser Perspektive heraus Dinge des alltäglichen Lebens zu betrachten. Tun wir das einmal, wie es Lehrer Professor Bömmel in dem obigen Film seinen Schülern empfahl, und betrachten wir den Besuch einer Gaststätte als Einstieg in das breite Thema Abrechnungsbetrug.

Nach dem Genuss von Speisen und Getränken besteht in Restaurants bekanntlich die Pflicht, die Leistung zu bezahlen. Sie ist vor Ort und sofort fällig, damit die Kasse klingelt – wortwörtlich bei Barzahlung. Klingelt sie wirklich immer? Wie es vielen meiner Bekannten, Verwandten und Freunden geht, habe auch ich ein mulmiges Gefühl, wenn die Bedienung keinen Beleg aushändigt oder nur Beträge handschriftlich auf einem Block krakelt – ohne Firma, Datum, geschweige denn Steuernummer, versteht sich (Abb. 11.1).

© Der/die Autor(en), exklusiv lizenziert an Springer Fachmedien Wiesbaden GmbH, ein Teil von Springer Nature 2024
H.-J. Lenz, *Manipulationen und Moneten – Datentrickserei im digitalen Zeitalter,* https://doi.org/10.1007/978-3-658-43848-7_11

Auch die moderne digitale Variante, die Zeche auf einem vorgehaltenen Smartphone oder ähnlichem Endgerät summarisch auszuweisen, muss nicht erzwingen, dass die Zeche korrekt gebucht und die 19 % bzw. zeitweilig 7 % Mehrwertsteuer an das zuständige Finanzamt abgeführt wird. Denn im ersten Fall fällt kein Beleg an. Im zweiten lässt sich softwaretechnisch die Buchung notfalls entweder komplett im Journal, das eine komplette Liste aller chronologisch sortierten Buchungen ist, leicht zurücksetzen, beispielsweise durch eine Gegenbuchung, oder gar löschen. Der graue Markt bietet dazu passende Software an. Die Medien in Berlin berichteten darüber hinaus, dass betrügerische Wirte sogar zwei Registrierkassen in Betrieb hatten. Eine für scheinbare Umsatzerfassung, die andere Kasse für steuerlich korrekt zu deklarierende Umsätze – wenn man so will, die betrügerische Hardwarevariante der Doppelten Buchhaltung (Doppik). Für die Redlichkeit von Wirten dagegen spricht seit eh und je die unaufgeforderte Übergabe der Rechnung, bei unbarer Zahlung zusammen mit dem Beleg über die erfolgte Giro- oder Kreditkartenzahlung. Dabei ist nicht ein völlig unverbindlicher „Info-Druck" gemeint, der gerne zusammen mit ein

Abb. 11.1 Abrechnungsbeleg einer Berliner Gaststätte für einen Gast [1]

paar Bonbons am Ende des Besuchs im Restaurant vorgelegt wird [1].

Bei der Vielzahl der Gaststätten, die deutschlandweit existieren und ehrlich abrechnen sowie angesichts der vielen Restaurantbesuche, die die große Mehrzahl der Gäste sicher als unauffällig in Erinnerung hat, scheint das obige Geschehen an den Haaren herbeigezogen und letztlich vernachlässigbar zu sein. Aber dem ist nicht so, wie sich nicht nur in Berlin zeigte. In dem gleichermaßen bei Einheimischen und Touristen beliebten Kiez rund um den Savignyplatz in Berlin-Charlottenburg – Teil der City West – setzte ab 2018 in kurzer Zeit ein fast synchrones, Dritten oft unerklärliches „Restaurantsterben" ein, obwohl diese Betriebe bis dahin abends bestens besucht waren – lange noch vor der Schließung wegen der akuten CV19-Pandemie. Die Restaurants hatten Schilder von Innen mit dem Vermerk an die Eingangstür angebracht, dass nach ‚Renovierung' wieder geöffnet werde. Was war geschehen? Der Grund war simpel: Eben jene Gastronomen sind bei unerwarteten und unangekündigten Schwerpunktkontrollen der Berliner Finanzbehörde erwischt worden [2]. In 2019 gab es in Berlin rund 15.000 Gastronomiebetriebe, von denen nach Angaben des Berliner Finanzsenators nur magere 3,5 % kontrolliert wurden. Wie Der Tagesspiegel [2] berichtete, brachten Betriebsprüfungen in 2019 von 1535 Berliner Gastronomiebetrieben dem Berliner Fiskus Mehreinnahmen von satten 40,6 Mio. €, wobei allein 5,5 Mio. € sich auf nur zehn Betriebe konzentrierten. Wie die Finanzbehörde weiter berichtete, wurden zweiundsechzig Straf- oder Bußgeldverfahren eingeleitet, etliche begleitet von einstweiligen Betriebsschließungen. Der ehemalige Finanzminister von NRW, Norbert Walter Borjahns, bezifferte den Gesamtschaden des Mehrwertsteuerbetrugs in 2016, verursacht durch manipulierte Registrierkassen von Geschäften und Gaststätten, deutschlandweit auf

5–10 Mrd. €, [3]. Der Berliner Senat setzte sich zum Ziel, ab 2019 die bisherige Prüfquote von 3,5 % mehr als zu verdoppeln und baute flankierend auf eine sog. Kassennachschau, die nunmehr seit 2018 möglich ist. Sie umfasst nichts anderes als Buchungssätze auf Ordnungsmäßigkeit des Geschäftsablaufs, sprich Vollständigkeit und Korrektheit der Positionen, online zu überprüfen. Weiteres regelte die Kassensicherungsordnung von 2020. Diese zwingt Geschäfte und Restaurants darüber hinaus, Bons an Gäste und Kunden unaufgefordert auszuhändigen, Registrierkassen durch eine zertifizierte Sicherheitseinrichtung zu schützen, um simples Löschen von Umsätzen oder andere Datenmanipulationen zu verhindern. Weiterhin galt, dass ab 2010 gekaufte Kassen, die sich baubedingt bis 2020 nicht nachrüsten ließen, ab 2022 außer Betrieb zu stellen waren. Der Umstellungsaufwand für die Gewerbetreibenden ist, wie sich denken lässt, erheblich und kann kaum aus der Portokasse, geschweige denn aus einer schwarzen Kasse, bezahlt werden. Die Bundesregierung bezifferte den Aufwand auf einmalig etwa 1,6 Mrd. € [3].

Zurückblickend lässt sich festhalten, dass für den Kladderadatsch in Berlin nicht nur betrügerische Wirte mit einem Geschäftsmodell verantwortlich waren, das auf schwarzen Kassen, Schwarzgeld, Schwarzarbeit und Umsatzsteuerbetrug basierte, sondern eine Zeit lang in nicht unerheblichem Maße auch die Finanzbehörden selbst. Sie prüften über Jahre hinweg kaum oder zu lax, insbesondere wegen einer zu knappen Personalausstattung bei den Betriebsprüfern. Man erinnere sich aber, dass die Personaldecke im öffentlichen Dienst abzuschmelzen seit der Wende erklärte Politik des ehemaligen Finanzsenators Thilo Sarrazin und der gesamten Senatskanzlei unter dem Regierenden Bürgermeister von Berlin, Klaus Wowereit, war. Das Motto lautete selbstbewusst „Sparen bis es knirscht". Hier zeigte sich, dass kurzfristiges Sparen den Bürger langfristig gesehen teuer zu stehen kommen kann.

Derartige Unstimmigkeiten bei Abrechnungen in der Gastronomie treten typisch in fast allen deutschen Großstädten auf. Zu deren Bekämpfung liefern die Fachgebiete Controlling, Revision und Compliance die methodischen und organisatorischen Grundlagen. Kommen erste Zweifel an einem ordnungsgemäßen Ablauf der Geschäftsprozesse auf, gibt es bereits Auffälligkeiten oder wird gar Veruntreuung und Unterschlagung vermutet, so ist angezeigt, „forensische Datenanalytik" zu starten, die vorweg Plausibilitätsberechnungen durchführt [4]. Dieser modellbezogene Ansatz basiert im konkreten Fall auf fallübergreifenden Vergleichs- oder Kennwerten, die aus Längsschnitt- oder Querschnittsdaten oder beiden in gepoolter Form beschafft oder selbst berechnet werden. Dies Vorgehen kann erste Verdachtsmomente untermauern, liefert jedoch nur Indizien und keine gerichtsfesten Beweise. Denn die betrieblichen Daten können manipuliert sein, dürften unvollständig – siehe wirecard Bilanzbetrug – und widersprüchlich sein. Stets ist zu beachten, dass solche ersten Analyseergebnisse wie auch die Methode „Predictive Analytics" zwangsläufig mit Unschärfe und Unsicherheit der Abschätzung einhergehen. Ihr Vorteil ist, dass sie anfangs relativ wenig personalaufwendig sind. Bei verstärktem Verdacht geben sie gezielte Hinweise, welche Daten Auffälligkeiten zeigen und welche Geschäftsbereiche möglicherweise betroffen und unter die Lupe zu nehmen sind. So kann sich eine detaillierte Prüfung der Daten anschließen, also aller relevanten Aktenvermerke, Lieferscheine, Buchungen, Faxe, Telefonaufzeichnungen, SMS, Mails und sonstiger Belege. Diese Zwei-Phasen-Vorgehensweise ist weniger aufwendig als von Anfang an blind mit detaillierter Aktenprüfung zu beginnen.

Bei gegebenen Prüffeld eines Betriebs wird methodisch so vorgegangen, dass die Anzahl der Gäste oder die monatlichen Essen- und Getränkebestellungen *(E).* aufgegliedert in deren einzelne Arten, anhand von Gastronomien mit vergleichbarer Größe, Kategorie und Lage zu gleicher Jahreszeit abgeschätzt werden. Der zugehörige Preisvektor *(p)* kann beispielsweise der jeweiligen aktuellen Speisekarte entnommen werden. Im Modell $\widehat{U}$ Ep symbolisiert $\widehat{U}$ den Schätzer oder Vergleichswert des Umsatzes. Überwiegend wird in der Praxis ein deterministisches Modell genutzt, wobei *E, p* vorweg ermittelte Werte sind. Sind diese Größen unscharf, lassen sich Verfahren verwenden, die auf der Wahrscheinlichkeitstheorie oder der Theorie unscharfer Mengen, sog. Fuzzy-Set-Ansatz, beruhen [4, 5, 7]. Dabei tritt zum Vergleichswert $\widehat{U}$ ein einseitiger Unschärfebereich $u_{1-\alpha}$ hinzu, der von dem gewählten Konfidenz- oder Vertrauensniveau $1 - \alpha$ abhängt. Oft wird als Sicherheitsschranke beispielsweise $1 - \alpha = 99\,\%$ gewählt. Relativ „allzu kleine" Umsatzwerte erregen dann die Aufmerksamkeit eines Prüfers. Dabei wird Vergleichsumsatz mit dem Istwert-Umsatz *(U)* abgeglichen, um zu prüfen, ob dieser zu klein ausgewiesen ist, d. h. $U < \widehat{U} - u_{1-\alpha}$. Denn ein betrügerischer Wirt reduziert seinen Umsatz um die Höhe seiner Schwarzgeschäfte. Zusätzliche Einsicht in ein illegales Geschäftsgebaren vermittelt eine Vollkostenanalyse, die einen ähnlichen Modellansatz nutzt. Hier wird die Anzahl der Essensbestellungen sowie der bestellten Getränke *(E)* wie oben geschildert vorgegeben. Die Frage ist dann nur noch, welcher Verbrauch bzw. welche Kosten dazu betrieblich zwingend nötig sind. Dafür müssen Herstellkostensatz *(h)* je Gericht und der Einkaufspreis *(e)* je Getränkeart ermittelt werden. Folglich erhält man als geschätzte Kosten $\widehat{K}$ Eh Ge. Die Abweichung der geschätzten von den Istkosten *(K)* gibt Aufschluss über mögliche Irregularitäten im Betrieb. Hier ist eine Fallunterscheidung angebracht. Ist der Verdacht auf nicht abgerechnete Bewirtungen begründet und reduziert – im Jargon „Downsizing" genannt – ein betrügerischer Wirt nicht proportional seine Kosten, dann sollte $\nabla_K = K - \widehat{K}$ groß ausfallen. Hierbei streicht der Gastronom beispielsweise teure Wein- und Wildbestellungen für private Zwecke ein. Privatverbrauch als Betriebsausgaben handels- und steuerlich zu deklarieren ist in Betrügerkreisen gang und gäbe. In einem solchen Fall schließt sich der Daten- eine Kausalanalyse an. Sie muss dem Wirt Abrechnungsbetrug bei Kosten und Umsatz anhand aufwendiger Prüfung der Geschäftsunterlagen handelsrechtlich und juristisch gesichert nachweisen. Gelingt dies nicht, ist der Restaurantbetreiber erst einmal juristisch entlastet.

Es gibt Fälle, wo auf den ersten Blick hin betriebliche Daten im Gesamtzusammenhang vorschriftenkonform erscheinen, Prüfer des Finanzamts jedoch intuitiv Zweifel hegen und Datenmanipulation vermuten. Davon berichtet F. Wehrheim, ein ehemaliger deutscher Steuerfahnder aus Hessen, in ausgesprochen unterhaltsamer Form [6]. Die hessische Steuerfahndung setzte eine Fahndungsgruppe ein, die ein ins Visier genommenen China-Restaurant, das man verdächtigte, aber dem man anhand der Geschäftsdaten erstmal nichts nachweisen konnte, über einen längeren Zeitraum per Video aus einem gegenüberliegenden Haus beobachtete. Über die Anzahl der überraschend vielen am Eingang erfassten Gäste wurde auf die Anzahl an Bestellungen geschlossen und mittels der ausgewiesenen Preise auf den Gesamtumsatz hochgerechnet. Dabei hat es die Steuerfahndung einfacher als jeder Statistiker oder Prognostiker; denn ihre Schätzungen werden in Betrugsfällen von den Gerichten eo ipso akzeptiert.

Am Rande sei nur angemerkt, dass die obigen modellgestützten Plausibilitätsabschätzungen auch in der Großindustrie anwendbar sind, um Unwirtschaftlichkeiten, Schwund oder Diebstahl in den Werken und Abteilungen eines Unternehmens aufzudecken oder die Produktionsplanung zu unterstützen, Sollwerte samt Unschärfebereich modellgestützt zu berechnen. Jede analytische Prüfung startet mit zeitlich aggregierten Größen und führt die Aufwands- und Ertragsrechnung bzw. die Kosten- und Leistungsrechnung zusammen. Dabei stellen Stücklisten einerseits oder Bayessche Netzwerke andererseits die entscheidenden Methoden dar, um den periodenbezogenen, zeitlich schwankenden Verbrauch an Rohstoffen und Halbfertigfabrikaten sowie den Einsatz von Arbeitsstunden zur Herstellung von Enderzeugnissen mit ihren oft millionenfachen Varianten und Restriktionen strukturell und mengenmäßig zu erfassen [4, 5, 7].

Abschließend rufen wir dem Leser noch einmal den Spruch eines unbekannten Verfassers in Erinnerung, den wir alle angesichts des Risikos, selbst übers Ohr gehauen zu werden, beherzigen sollten: „If a man defrauds you one time, he is a rascal; if he does it twice, you are a fool", auf gut Deutsch: „Wenn jemand Dich übers Ohr haut, ist er ein Schlitzohr. Macht er es zweimal, bist Du ein Dummkopf".

Literatur

1. Matthies, B. (2019). TischGESPRÄCH, Der Tagesspiegel, 14.09.19, S. MG1. Lizenzierung vom Verfasser vom 8.10.2023
2. U. Zawatka-Gerlach, U. (2019). Steuerfahnder sind ihr Geld wert, Der Tagesspiegel, 9.2019, S. 7

3. Freund, K. (2016). Gegen Steuerbetrug an Registrierkassen, www.handwerksblatt.de
4. Müller, R. und Lenz, H.-J. (2013). Business Intelligence, Springer Vieweg, Berlin, Heidelberg
5. Gebhardt, J. et al. (2006). Graphical models for industrial planning on complex domains, in: Della Riccia, G. et al. (eds.), Decision Theory and Multi-Agent Planning, Springer, Wien und New York, S. 131–143
6. Wehrheim, F. und Gösele, M. (2011). Inside Steuerfahndung. Riva, München
7. Kluth, M. (1996). Wissensbasiertes Controlling von Fertigungseinzelkosten, Deutscher Universitätsverlag, Wiesbaden

12

Abrechnungsbetrug im Gesundheitswesen: Die Geschäfte laufen wie geschmiert

Wie formulierte doch Wilhelm Busch in „Max und Moritz" so treffend: „Nicht allein in Rechnungssachen soll der Mensch sich Mühe machen, sondern auch der Weisheit Lehren muss man mit Vergnügen hören. Dass dies mit Verstand geschah, war Herr Lehrer Lämpel da".

Im digitalen Zeitalter sollten mehr Menschen als bisher solche Lehren verinnerlichen und in ihren Rechnungssachen der Wahrhaftigkeit mehr Beachtung schenken als bislang. Ist dem auch so?

Abrechnungsbetrug war nie eine Bagatellsache, auch nicht im vordigitalen Zeitalter. In welcher Größenordnung und um welches Volumen es sich bei Datenbetrug im Gesundheitswesen weltweit handeln kann, zeigte sich im Vorfeld der Einführung des damals neuen US-Gesundheitswesens, Obamacare, im Jahr 2010 am besten. Betrug, Verschwendung und Missbrauch im US-Gesundheitssystem, im wesentlichen private health care, medicade, medicare wurden auf siebenhundert Mrd. US-Dollar pro Jahr

H.-J. Lenz, *Manipulationen und Moneten – Datentrickserei im digitalen Zeitalter,* https://doi.org/10.1007/978-3-658-43848-7_12

geschätzt [1]. In einer Studie wurde Predictive Analytics in Form speziell angepasster Ausreißererkennung auf Anspruchs-, Anbieter- und Patientendaten des staatlichen Medicaid-Programms angewendet [2]. Damit gelang es, fehlerhafte Abrechnungen im neuen Gesundheitssystem der USA zu identifizieren. Die Autoren erreichten eine Identifizierung von 12 der 17 am häufigsten verdächtigen Anbieter (71 %) [2]. Sie schätzten, dass sich in 2011 bei Medicare der Schaden durch Betrug auf 10 % bei einem Gesamtbudget in der Größenordnung von 432 Mrd. US$ belief [2].

Solcher Art Betrug hat fast immer eine kriminelle Seite, nur selten gibt es daher Anlass zum Schmunzeln. Greifen wir einen solchen Fall als Einstieg in die Materie auf. In seinem Buch Inside Steuerfahndung [3] berichtet der Ex-Steuerfahnder F. Wehrheim von dem Fall eines Arztehepaars aus Hessen mit sehr hohem Einkommen aus Wohnungsvermietung und Gewerbebetrieb (Arztpraxis). Der Mann kümmerte sich um seine Patienten, und die Ehefrau sich um die alljährliche Einkommensteuererklärung, deren Einzelposten sie summarisch ihrem Steuerberater übergab, damit dieser die Steuererklärung an ihr zuständiges Finanzamt übergeben konnte. Was der Steuerberater jedoch nicht wusste. „Die Einkünfte aus den zahlreichen Mietwohnungen rechnete die versierte Hausfrau stets zu ihren Gunsten ab. Dabei hantierte sie mit einfachsten Zahlendrehern. Aus 194.000 wurden 149.000 …", S. 95 [3]. Das entsprach weder Lämpels Verstand, Adam Rieses Regeln noch der Abgabenordnung, sondern war schlichtweg eine schlitzohrige Schwindelei. Die beiden Steuerschuldner beglichen, als die Steuerfahndung ihnen auf den Pelz rückte, die durch vorgebliche Schusseligkeit der Frau beim Addieren von Zahlenkolonnen entstandene Steuerschuld nebst Zinsen der letzten vier Jahre. Lag hier Zufall oder Vorsatz vor? Letzterer lag aus Sicht der Steuerbehörde ziemlich sicher vor, war aber gerichtlich „nicht mit an Sicherheit grenzender Wahrscheinlichkeit" beweisbar, also verhängte die Finanzbehörde weder Haft- noch Geldstrafen - „in dubio pro reo", wussten schon die alten Römer zu sagen.

Bevor wir uns Institutionen oder der organisierten Kriminalität (OK) zuwenden, die für Abrechnungsbetrug im großen Umfang verantwortlich sind, werfen wir einen Blick auf Datenbetrug, hinter dem einzelne natürliche Personen stehen. Auf immerhin eine sechsstellige Schadenssumme, genau 903.558,30 €, brachte es eine beamtete, demzufolge privat versicherte Lehrerin aus der Nähe von Osnabrück [4]. Sie fälschte im Zeitraum etwa ab 2006 bis 2016 Arzneirezepte, die ihr wegen einer chronischen Krankheit von diversen Ärzten – darunter auch ihrem eigenen Mann – ausgestellt wurden. Die gefälschten Medikament-Verschreibungen erstellte sie gar nicht einmal sehr fachmännisch. Kopieren, Retuschieren, Ausschneiden und Aufkleben reichten erst einmal, um die notwendigen Angaben wie Stempel, Einzel- und Gesamtpreise, Apothekenkennung (Pharma-Zentralnummer), Unterschrift und Datumsangabe zusammen zu bekommen. Diese Belege reichte sie ihrer Beihilfestelle Monat für Monat ein, die bei Landesbeamten 70 % der Krankheitskosten übernimmt. Die allmonatlichen Abrechnungsbeträge lagen rund zehn Jahre lang bei 9600 €/Monat [4] - unversteuert versteht sich. Nur so war es ihr bei ihrem „bescheidenen Beamteneinkommen" möglich, sich Luxuskonsumgüter und Verschwendung aller Art ein Jahrzehnt lang auf Kosten aller Beitragspflichtigen zu leisten.

Eine Frage drängt sich in solchen und ähnlich gelagerten Fällen immer wieder auf: Wie es dazu kommen konnte und warum so anhaltend. Warum hatte die Landesbehörde die Manipulationen der Beamtin jahrelang nicht entdeckt? Haben sie fest geschlafen oder dies aus welchen Gründen auch immer stillschweigend geduldet?

Denn schließlich wurde bereits 2006 eine Sachbearbeite-
rin in der zuständigen Beihilfestelle misstrauisch, doch die
Behördenleitung wiegelte ab und verfolgte ihren Verdacht
gegen die selbstbewusst auftretende Frau aus welchen
Gründen auch immer nicht weiter. Erst 2015 wurde eine
neue Angestellte der Behörde erneut stutzig. Dennoch gelang es der Betrügerin noch ein Jahr lang, die Behörde gezielt an der Nase herumzuführen. Die Beamtin a.D. verwies auf ihre chronische Krankheit, ihre Schwerstbehin-
derung, auf die Verschwiegenheitspflicht ihrer Ärzte und
auf ein Schreiben des zuständigen Amtsarztes. Allerdings
wurde in diesem sinniger Weise einzig ihre Erkrankung,
nicht aber die massive, extrem teure medikamentöse Do-
sierung bestätigt. Letztlich eröffnete die Beihilfestelle nach
scharfer Prüfung das längst fällige Strafverfahren, da Stempel und Unterschrift des Apothekers zu offensichtlich gefälscht und Preise sowie Pharmazentralnummer erkennbar
nicht wie üblich maschinell aufgedruckt waren [4].

Der Fall ist typisch für einen großen Teil von Datenfäl-
schungen in Verbindung mit Abrechnungsbetrug, nicht
nur im Gesundheitswesen. Deshalb werfen wir einen Blick
quasi hinter die Kulissen, wo sich folgende Defizite zeigen:
Fallbezogene Datenknappheit am Anfang, mangelhafte
Schulung der Mitarbeiter und Mitarbeiterinnen, Unkenntnis über moderne Verfahren zur Datenbetrugsaufdeckung, das alles in Verbindung mit fehlendem Willen, von
Amts wegen Plausibilitätsprüfungen fachmännisch durchzuführen.

Dieser Mangel zeigte sich 2017 auch bei einem ähnlichen Fall eines Amtsrats, der im Kulturreferat des Deutschen Bundestags tätig war. Der Beamte fabrizierte, d. h.
erstellte fiktive dreihundert Rechnungen (Scheinrechnungen) und strich so einhundertfünfundsechzigtausend
Euro über fünf Jahre ein [5]. Wie so oft bei Betrügereien

ist erstaunlich, dass die Diskrepanz zwischen Schein und Sein beim extravaganten Lebensstil eines oder der Betrüger nicht erkannt wurde. Im ersten Fall hätte allein schon ein ungewöhnlich hoher Medikamentenverbrauch der Lehrerin, sowohl mengen- als auch wertmäßig gesehen, Verdacht der Schulleitung und der Landesbehörde auslösen müssen. Auch hätte die Beihilfestelle des Landes – wie auch die des Bundestages im zweiten Fall – Plausibilitätsprüfungen angesichts der Abrechnungshöhe anstellen können, nein müssen. Hier bietet sich an, die mittlere Quartalsverschreibung je Quartal aller Antragsberechtigten mit dem landestypischen Mittel vergleichbarer schwerer Fälle je Quartal, erhöht um etwa das Zweifache (sog. Zwei-Sigma-Regel) der Streuung, im Rahmen eines statistischen Tests [5] zu vergleichen. Wie in jedem Fall von Datenmanipulationen ist das Umfeld zu beachten. Denn außergewöhnlich hohe Konsumausgaben einer Beamtin der mittleren Laufbahn müssen nicht zwangsläufig ein Indiz auf Datenbetrug sein. So könnte gegen den Verdacht auf Abrechnungsbetrug der Beruf des Ehemanns sprechen, falls dieser beispielsweise als Arzt erheblich zum Haushaltseinkommen beiträgt. Solche Schlüsse sind in obigem Fall anfangs sicher nicht getroffen worden und konnten auch aus datenschutzrechtlichen Gründen nicht ohne weiteres gezogen werden. Denn hier zeigt sich das Dilemma moderner forensischer Datenanalytik im öffentlichen, seltener auch im wirtschaftlichen Bereich. Datenschutz einerseits und dezentrale, autonome Datenhaltung andererseits, hier durch Schulleitung, Beihilfestelle und Finanzbehörde. Die Beihilfestelle eines deutschen Bundeslandes kann im Verdachtsfall – zu Recht – nicht auf die Besoldungsdaten einer Landesbeamtin im Innenministerium, geschweige denn auf deren Einkommensteuerdaten beim Finanzamt selbst, nicht einmal im selben Bundesland, zugreifen. Herkömmliche IT-Techniken zur Datenintegration wie Föderierte Datenbanksysteme, Mediator-Wrapper-Systeme, Record-Linkage Verfahren oder Approximate Joins anhand vorgegebener Merkmale (Selektoren) usw. sind wegen der Bundesdatenschutzgesetzes nicht einsetzbar, es sei denn, die Verdacht schöpfende Behörde leitet ein Strafverfahren ein, und Landeskriminalamt oder Steuerfahndung kommen ins Spiel.

Schließlich werfen wir noch einen Blick auf Methoden, die man im obigen Fall hätte anwenden können, um solche Art von Datenmanipulation zu erkennen. Dazu rechnen vor allem spezielle Mustererkennungsverfahren (Pattern Matching) aus dem KI- und Machine-Learning (ML) Umfeld, um nachgeahmte Stempel und Aufdrucke auf den eingereichten Belegen automatisch visuell zu erkennen. Hinzu kämen Standardverfahren des Datenabgleichs oder die auf numerische Daten basierte Konformanzanalyse [6]. Bei letzterer wird das Haushaltseinkommen samt Teileinkünften mit den zugehörigen Verbrauchsausgaben je Periode auf Verträglichkeit im Rahmen eines Mehrgleichungssystems („System von Bilanzgleichungen") mit Fehlern in den Variablen verglichen. Alternativ könnten Autoencoder als speziell spezifizierte Neuronale Netzwerke angewendet werden – vorausgesetzt, es sind überhaupt genügend Spiel- oder Trainingsdaten in ausreichender Anzahl und Qualität verfügbar, ein echtes Problem beim Datenbetrug.

Dass Datenmanipulationen sogar lebensgefährlich sein können, zeigt der Skandal um Organvergabe aus den Jahren 2008 bis 2012, der das Gesundheitswesen Deutschlands [7] ins Mark traf. Hier bestimmtem sachfremde, nicht medizinische Gründe die Reihenfolge von Organtransplantationen bei Patienten. Beteiligt an den Manipulationen der Organzuteilung waren Transplantationszentren von Schleswig–Holstein bis Bayern, wobei das Universitätsklinikum Göttingen Ausgangspunkt der Affäre war. Nach Recherchen der Prüfungskommission der Bundesärztekammer [7] gehörten Transplantationszentren in Baden-Württemberg, Sachsen und Thüringen zu den „Spitzenreitern", die Organvergabelisten manipulierten. Die verantwortlichen Transplanteure in den betroffenen Kliniken änderten nach eigenem Gusto die Reihenfolge der zeitlich geplanten Transplantationen von Leber- bzw. Herzorganen ab. So wurde etwa im Klinikum rechts der Isar 2010–2011 bei Lebertransplantationen manipulierte Blutwerte entdeckt, Dialysen vorgetäuscht oder gar Krebspatienten transplantiert, die nach geltenden Richtlinien gar nicht hätten behandelt werden dürfen [7]. Die Raten der Verstöße oder Unregelmäßigkeiten in den verschiedenen Zentren waren nicht unerheblich, die die Prüfkommissionen aufdeckten: In Göttingen fand man beispielsweise 79 Unregelmäßigkeiten oder Verstöße von 105 untersuchten Fällen, in München 38 von 135 und in Leipzig 76 von 241 [8]. Auch das renommierte Deutsche Herzzentrum Berlin musste sich den Vorwurf des „Hochschiebens" in der klinikübergreifenden Warteliste für Spenderherzen gefallen lassen [9]. Wie die Berliner Staatsanwaltschaft im August 2014 mitteilte, wurden den Patienten zur Begründung der Dringlichkeit hoch dosierte herzstärkende Medikamente im Zeitraum 2010–2012 verabreicht [10]. Die Frage drängt sich auf, was falsch gelaufen war. Wie bei Datenfälschung generell, denkt man zuerst an materielle Motive der verantwortlichen Ärzte.

„Dafür gäbe es überhaupt keine Anhaltspunkte", fand die Prüfkommission 2013 heraus [8]. Was dann bitte? Nach Ansicht des damaligen Präsidenten Frank U. Montgomery der Bundesärztekammer waren es das falsche Anreizsystem der Krankenhausfinanzierung mit seinem System der Fallpauschalen, über das noch weiter unten zu sprechen ist, das Wettbewerbsstreben zwischen einzelnen Kliniken und das „Streben nach Ruhm und Ehre" [8]. Also auf keinen Fall eine unethische Einstellung der betreffenden Ärzteschaft, Herr Montgomery! Der Wettbewerb wurde seinerzeit durch eine Schieflage der Anzahl von Transplantationszentren im Verhältnis zu den verfügbaren Spenderorganen sowie einer sehr unterschiedlichen regionalen Verteilung der Fallzahlen verschärft. So erreichten acht von vierundzwanzig Lebertransplantationszentren nicht die vorgeschriebene Mindestanzahlen an OPs [8], Anreiz genug, durch weitere Transplantationen mehr Einnahmen zu erzielen, wie Montgomery mutmaßte.

Wenden wir uns nun einer besonders ausgeklügelten Art des Abrechnungsbetrugs im Gesundheitswesen zu, bei der mehrere Gruppen von Akteuren eine (unrühmliche) Rolle spielten. Hierbei machten die gesetzlichen Krankenkassen zusammen mit einzelnen Ärzten oder mit Krankenhäusern gemeinsame Sache, eine echte Win–Win-Situation, wie wir gleich sehen werden. Eine entscheidende Rolle spielten dabei der bundesdeutsche Gesundheitsfond mit seinem Pauschalsystem der Leistungsabrechnung und existierende Fehlanreize im deutschen Gesundheitssystem. Dazu muss man wissen, dass die kassenärztlichen Vereinigungen der Bundesländer als Art Clearingstelle die von den Ärzten erbrachten Leistungen mit den Krankenkassen abrechnen. Die Beiträge der Pflichtversicherten werden neben den Arbeitgeber-Anteilen und den staatlichen Zuschüssen in den Gesundheitsfonds eingezahlt. Die Kassen erhalten je Versicherten einen Grund- oder Pauschalbetrag und gegebenenfalls spezifische Zuschläge für eine Reihe gesetzlich festgelegter Krankheiten (Abb. 12.1).

Kurz zur Größenordnung dieser Transfers: Im Jahr 2016 wurden rund 200 Mrd. € an die Kassen verteilt [11], 2022 etwa 220 Mrd. Bei der Höhe der Überweisung für ärztliche oder klinische Leistungen spielen weiter Alter, Geschlecht und Risiko des Patienten eine Rolle. Die Ärzte müssen ihre Abrechnungen mit einem entsprechenden Code zur Leistungsidentifizierung versehen. Nun kommen

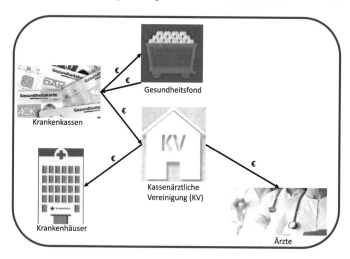

Abb. 12.1 Ärzte, Gesundheitsfonds, Krankenhäuser und Krankenkassen (Eigendesign)

die Pauschalierung und das Anreizsystem ins Spiel [11]. Krankenpflichtversicherer und Arzt bzw. Kasse und Krankenhaus müssen sich nur absprechen, quasi ein Kartell bilden – organisierte Kriminalität eben, wenn man so will. Dann kann durch Hochkodierung aus einem einfachen Husten eine Lungenentzündung gemacht werden [11]. Die Klinik kann durch „Up-Coding" das Gewicht eines Frühchens geringfügig so reduzieren, dass sich aufgrund der Risikozuschläge eine Mehrerstattung in der Größenordnung von 10.000 € zu einer Frühgeburtspauschalen ergibt [12]. Der Schwindel mit Falschkodierungen flog auf, als die Leitung der Techniker Krankenkasse im Sommer 2016 zugab, dass die Kassen das Gesundheitssystem auf breiter Front manipulierten [11]. Die Hochkodiererei mit ihrem Win–Win-Vorteil aus „kooperativen Spielen" hätte es ohne die Selbstanzeige der TK fast zu einem Geschäftsmodell geschafft. Denn die Kassen zahlten Pauschalsätze für Operationstypen ein und holten sich durch Datenmanipulation mehr als pauschal eingezahlt zurück – die reine Geldvermehrungsmaschine! Der selbstorganisierte Schwindel der Ärzte, Krankenhäuser und Krankenkassen ermöglichte Mehreinnahmen, die illegal und keinesfalls medizinisch gerechtfertigt waren. „Honi soit qui mal y pense!"

Datenanalytiker werden anmerken, dass ein Zuviel an Leistungen noch dazu mit Risikozuschlag doch hätte entdeckt werden müssen. In der Tat hatte beispielsweise der Medizinische Dienst der Krankenversicherung (MDK), der für die gesetzlichen Kassen auffällige Abrechnungen kontrolliert, in Berlin-Brandenburg im Jahr 2014 jede zehnte Abrechnung überprüft. Von den mehr als einer Viertelmillion waren die Hälfte nicht korrekt [12], allerdings aus unterschiedlichen Gründen und nicht nur wegen Hochkodiererei. Wichtig wäre es bei Plausibilitäts- oder Vergleichsrechnungen allerdings, Vergleichsdaten auch im Querschnitt, nicht nur im Längsschnitt heranzuziehen. In Deutschland liegen beispielsweise die kieferorthopädischen Behandlungen auf sehr hohem Niveau. So lag 2019 der prozentuale Anteil der Kinder, die in Deutschland eine Zahnspange bekamen, bei rund 50 %, siehe Balzter (2019). Man fragt zu Recht, warum es in Schweden nur halb so viele sind [12]. Wie bei Parodontitis und Implantaten auch haben sich in Deutschland bei den Zahnspangen die jährlichen Ausgaben der Kassen je Spange seit 1999 fast verdoppelt, „von 1050 auf 1840 €" [12]. Hier wird der Effekt der „Überversorgung" sichtbar, der wesentlich auf ausgeprägtem Schönheitswunsch der Patienten oder deren Eltern, weniger Behandlungsrichtlinien als in der Humanmedizin und geringer Anzahl von Forschungsstudien zu Erfolg oder Misserfolg von Behandlungsvarianten [13] beruht.

Nehmen wir nun einen weiteren Schwerpunktbereich von Daten- und Abrechnungsbetrug im Gesundheitswesen

ins Auge, den Pflegedienst. Nach Schätzung der Sozial-
kassen belief sich schon 2016 der Schaden durch Pflege-
betrug auf 1,25 Mrd. €. Bei einer alternden Bevölkerung
handelt es sich also um einen „Wachstumsmarkt". Es wird
geschätzt, dass sich die Anzahl der Pflegebedürftigen allein
in Berlin von 110.000 auf 170.000 im Jahr 2030 erhöhen
wird [15]. Europol charakterisiert die personalintensive
Pflege als für die organisierte Kriminalität besonders interessantes Gebiet, weil, Stand 2015–2016, „hohe Gewinne,
niedriges Entdeckungsrisiko und deutlich geringere Strafen als in traditionellen Kriminalitätsfeldern" charakteris-
tisch sind [14]. Wie funktionierte der Abrechnungsbetrug
in der Pflege? Ganz einfach: Die Pflegeleistungen werden
als solche nicht unmittelbar gemessen, stattdessen werden
sie, ob erbracht oder nicht, in Pflegeprotokollen eingetra-
gen – Papier ist geduldig, die dann von den Sozialämtern
und Kassen stichprobenweise vor Ort formal geprüft, erstattet werden. 2016 zahlten die Kassen in der höchsten
Pflegestufe etwa 1600 €/Monat pro Fall. Reduziert ein kriminell veranlagter Pflegedienst tatsächlich seinen tatsächlichen Dienst am Menschen um die Hälfte, rechnet er aber
voll ab, so erzielt er einen Gewinn aus Scheinleistungen
von 800 €/Monat je Pflegefall [15]. Bei zwanzig Pflegestel-
len summiert sich der Profit auf knapp unter 200.000 €
pro Jahr. Ein Pflegedienst in Berlin perfektionierte seinerzeit solche Betrügereien bis er aufflog [15]. Er stellte vornehmlich tariflich unterbezahlte Kräfte aus dem osteuro-
päischen Ausland ein und machte obendrein teilweise mit
Patienten oder deren Familien gemeinsame Sache, um
Dienstleistungen vorzutäuschen. Einige erhielten „ein paar
hundert Euro pro Monat" Schweigegeld fürs Mitmachen
[15]. Dafür simulierten sie Mobilitäts-Einschränkungen
und Pflegebedürftigkeit durch Körperhaltung, Mimik,
Stöhnen usw., sowohl bei der Ersteinstufung eines Patienten als auch später bei Nachkontrollen.

Besonders lukrativ für diesen bandenmäßigen Betrug ist – zynischer Weise – der Kreis der Intensivpatienten. Diese benötigen eine Rund-um-die-Uhr-Betreuung zu Hause, falls sie im Koma liegen oder künstlich beatmet werden müssen. Experten beziffern die Kosten solcher Fälle mit über 22.000 €/Fall [14]. Deren Anzahl betrug vor der Corona-Epidemie etwa 20.000. Reduziert, wie in Berlin geschehen, ein kriminell veranlagter Pflegedienst den zeitlichen Aufwand auf nur wenige Besuche pro Tag und verkürzt drastisch die Anwesenheitzeit der Pfleger, rechnet aber nach wie vor voll ab, lassen sich monatlich bis zu 15.000 € je Fall auf die Seite schaffen [14]. Schätzt man die Betrugsquote auf 20 % bei der Leistungserstattung, so kommt man auf eine Schadenshöhe in der Größenordnung von einer Milliarde Euro pro Jahr. Angemerkt sei noch, dass sich mittelfristig gesehen, die Lage im Pflegebereich dadurch verschärfen wird, dass große Finanz-Investoren Altenheime und Altenheimketten als attraktives Investitionsziel längst erkannt haben. Denn die gesetzlichen Kassen selbst garantieren solchen Investoren einen zuverlässigen Strom von Einnahmen [16].

Weitere ähnlich gelagerte Fälle von Abrechnungsbetrug im Gesundheitswesen lassen sich leicht aufzählen. Denn ins Rampenlicht geraten von Zeit zu Zeit nicht nur Ärzte, Krankenhäuser, Krankenkassen und Patienten, sondern das gesamte Umfeld mit Apotheken, Physiotherapeuten, Pharmaunternehmen, Gesundheitshäuser usw. Wir wollen nur an Betrügereien und Manipulationen erinnern, die in der Corona-Pandemie 2020–2022 für breite Empörung in der Öffentlichkeit sorgten. Hier ist vor allem das nicht ethische Verhalten einiger weniger, deutscher Parteipolitiker zu brandmarken, die in der damaligen Gesundheits- Notsituation Profite durch Vermittlung von Geschäften zu erzielen versuchten, um Covid-19 Masken zu maßlos überhöhten Preisen zu beschaffen. Hinzukommen unzählige Manipulationsfälle bei der Abrechnung von realen oder sogar vermeintlichen Corona-Bürgertests. Greifen wir zwei typische Fälle heraus: So haben Testzentren in NRW die vierfache Anzahl von Abstrichen mit der kassenärztlichen Vereinigung abgerechnet [17] als sie tatsächlich durchgeführt hatten. Im friesischen Impfzentrum des DRK ermittelte die dortige Staatsanwaltschaft gegen fünf Angestellte, die ebenfalls mehr Arbeitsstunden abrechneten als wirklich geleistet wurden [18]. Richtig Kasse machte der Spätkaufbetreiber Kemal C. in Berlin mit seinen achtzehn angemeldeten Teststationen. Er hatte nachweislich 9.7 Mio. € illegal abgerechnet, erstattet bekommen und unverzüglich häppchenweise in die Türkei verschoben. Das Landgericht Berlin verurteilte ihn Ende März 2023 zu acht Jahren und neun Monaten Haft [19].

Abrechnungsbetrug ist erfahrungsgemäß nicht auf das Gesundheitswesen beschränkt. Überall dort, wo Zahlungen getätigt werden, d. h. Geld verteilt wird, sei es im realen oder virtuellen Raum („Cyberspace"), lauert das Risiko des Betrugs, der ganz überwiegend mit Datenmanipulation und -Fabrikation, in Einzelfällen mit Datenklau, einhergeht. Das gilt gleichermaßen für staatliche Stellen, siehe Subventionen, wie für Unternehmen, Banden und Privatpersonen im Fall von zahlungswirksamen Handlungen. Die Datenbetrugsaufdeckung „kommt dabei immer etwas zu spät", und Aufmerksamkeit gemäß „Vertrauen ist gut, Kontrolle besser" ist nötig. Besser ist es vorzubeugen und Compliance-Empfehlungen zu beherzigen. Eine ausführliche, wenn auch knochentrockene Anleitung für Unternehmen und Behörden zur Bekämpfung von Geldwäsche und Wirtschaftskriminalität bietet [20]. Ganz im Sinn von G. C. von Lichtenberg schließe ich mit dem Aphorismus „Nur der Betrug entehrt, der Irrtum nie".

Literatur

1. Kelley, R. R. (2009). Where can $700 Billion in Waste be Cut Annually from the US Healthcare System? Thomson Reuters, TR-7261, 10/09 LW
2. Thornton, D. et al. (2014). Outlier-based Health Insurance Fraud Detection for US Medicaid Data, in: ICEIS 2014, S. 684–694, Scitepress
3. Wehrheim F. und Gösele M. (2011). Inside Steuerfahndung, rivaverlag, München
4. Jüttner, J. (2018). Das gefiel mir, Der Spiegel, Nr. 50:18, S. 42–43
5. K.G. (2015). Gefälschte Arztrechnungen, Der Tagesspiegel, Nr. 22460, 15.07.2015, S. 8
6. Müller R. M. und Lenz H.-J. (2013). Business Intelligence, Springer Vieweg
7. Ludwig, U. und Windmann, A. (2013). Unerträgliches Zaudern, Der Spiegel. Heft 3:13, S. 42–44
8. Woratschka, R. (2013). Der nächste Skandal, Der Tagesspiegel, Nr. 21800, 5.9.2013, S. 5
9. wez (2014). Schneller als der Spender, Der Tagesspiegel, Nr. 22142, 22.8.2014, S. 1, S. 6
10. N.N. (2014). Herzzentrum: Staatsanwalt ermittelt. Der Tagesspiegel, Nr. 22143, 23. Aug. 2014, S. 17
11. Schmergel, C. (2016). Ein Volk von Schwerkranken, Der Spiegel, Heft 42:16, S. 78
12. Heine, H. (2014). Kliniken kassieren bis der Arzt kommt, Der Tagesspiegel, Nr. 22181, 30.9.2014, S. 9
13. Balzter, S. (2019). Abzocke beim Zahnarzt. Frankfurter Allgemeine Sonntagszeitung, Nr. 11, 17.03.2019, S. 25
14. Woratschka, R. (2016). Mafiöse Strukturen bei Pflegediensten, Der Tagesspiegel, Nr. 22732, 18.4.2016, S. 4
15. Heine, H. (2016). Ein krankes System, Der Tagesspiegel, Nr. 22736, 22.34.2016, S.7
16. Schmidt, N. und Schumann, H. (2021). Altenpflege – ein Milliardengeschäft, Der Tagesspiegel, Nr. 24598, 18.7.21, Report, S. S6–S7

17. Betschka, J. et al. (2021). Außer Kontrolle, Der Tagesspiegel, Nr. 24548, 29.5.2021, S. 2

18. AFP (2021). Razzia wegen Abrechnungsbetrug im friesischen Impfzentrum, Der Tagesspiegel, Nr. 24638, 27.8.2021, S. 24

19. Gehrke, K. (2023). Angeklagte müssen 9,7 Millionen Euro zurückzahlen: Fast neun Jahre Haft für Corona-Betrüger in Berlin, Der Tagesspiegel, 27.3.2023, https://www.tagesspiegel.de/berlin/angeklagte-mussen-97-millionen-euro-zuruckzahlen-fast-neun-jahre-haft-fur-corona-betruger-in-berlin-9569495.html (Abruf: 13.09.2023)

20. Quedenfeld, R. (Hrsg.) (2017). Bekämpfung der Geldwäsche und Wirtschaftskriminalität, 4. Auflage, Erich Schmidt Verlag

13

Fake Science – zwielichtige Wissenschaft

Es gibt wohl kaum eine Manipulationsart, die insbesondere Wissenschaftler so empört oder berühren sollte wie Fake Science. Dies gilt nicht nur für wahrheitsuntreue Studienaussagen im Rahmen industrieller Auftragsforschung, die seit den neunziger Jahren unter diesem Begriff subsumiert werden. Fake Science hat darüber hinausgehende Facetten, auf die noch einzugehen ist, trifft die Wissenschaft im Kern, erschüttert den gesamten Wissenschaftsbetrieb und ist geeignet, Forschung als solche in der Öffentlichkeit zu diskreditieren oder zumindest Laien zu verwirren. Ist ein Beispiel gefällig?

Greifen wir einen besonders krassen Fall heraus, hinter dem die Tabakindustrie steckt. Jahrzehntelange Experimente und Beobachtungsstudien an Tieren und Menschen haben seit den fünfziger Jahren die Vermutung abgesichert, dass Rauchen die Gesundheit von Rauchern gefährdet, da Teer, Nikotin und Reststoffe Herz und Lunge angreifen, und zu Karzinomen (Lungenkrebs) oder zu chronisch obstruktiven Lungenerkrankungen (CODP) führen. Dies gilt heutzutage als gesichertes Wissen der Menschheit. Treibende Kraft in der Risikoforschung waren weltweit Forschergruppen wie die des Mediziners Stanton Glantz, Center for Tobacco Control Research and Education, USA. Ihm gelang der Nachweis, dass Teer in Mäusen Lungenkrebs verursacht [1]. Der Whistleblower Mr. Budd, ein kleiner Angestellter der US Tobacco Industrie, schickte 1994 eine umfangreiche Sammlung von geheimen Dokumenten, die aus den Chefetagen der amerikanischen Tabakindustrie stammten, an das Institut von Glantz. Sie legten erstmals deren Ziele und Manipulation offen. Die Bosse von – auszugsweise – Philip Morris, R.J. Reynolds, British American Tobacco (BAT) standen seinerzeit vor dem Problem, wie sie auf die zunehmenden Warnungen der Politik vor den Gefahren des Rauchens, abgedruckt auf den Zigaretten-, Zigarren- und Tabakverpackungen, reagieren sollten, da sie diese auf lange Sicht für geschäftsschädigend hielten. Statt Gegengutachten in Auftrag zu geben, entschloss sich das Topmanagement der Tabakkonzerne in einer konzertierten Aktion zu einer viel ausgeklügelten Strategie, der Verwirrungsstrategie [1]. Die Gesundheitsgefährdung als solche wurde nicht in Abrede gestellt, vielmehr gaben die Konzerne gezielt zweckgebundene Studien und Gutachten in Auftrag, mit denen durchaus namhafte Wissenschaftler beauftragt wurden, Zweifel an den bisherigen wissenschaftlichen Erkenntnissen und am „wahren Schuldigen" zu säen. So wurden beispielsweise das „Passivrauchen" und das „Zigarettenpapier" als Mitverursacher benannt. Ab 2021 wurde die These „Die Verbrennung, nicht Nikotin, ist die Hauptursache für rauchbedingte Krankheiten" [3], in Kampagnen und in allen denkbaren Medien geschaltet, ins Spiel gebracht. Das Poster, das Abb. 13.1, als Hauswurfsendung zusammen mit einer kostenlosen TV-Zeitung in Berliner Brief-

Abb. 13.1 Hauswurfsendung der Philip Morris GmbH in Berlin, Dezember 2021 [3]

kästen wie in meinen unaufgefordert geworfen, macht die dahinter liegende Strategie der Tabakindustrie deutlich. Auch psychologische und soziale Probleme sowie fehlende Hintergrundinformation der Bevölkerung wurden als weitere Einflussfaktoren verbreitet. Die Ablenkungsforschung, also Zweifel am Erkenntnisstand der Grundlagenforschung unter dem Deckmantel bezahlter, durchaus gestandener Wissenschaftler zu säen, zielte nicht auf Widerspruch oder schon gar nicht Gegenbeweis ab, sondern wollte in der breiten Öffentlichkeit bewusst Verwirrung und Unklarheit stiften, indem sie auf eine Vielzahl alternativer Einflussfaktoren hinweist. Den weltweit und wiederholt bestätigten medizinischen Erkenntnissen über das Rauchrisiko zum Trotz wird die Aussage gegenübergestellt, „Nicht falsch", sondern „wir wissen es nicht" [1]. Hierin liegt das Übel der Vorgehensweise der Tabakindustrie, die Zweifel, bekanntermaßen ein fundamentales Konzept von Forschung und Entwicklung, strategisch gegen etablierte, wahre wissenschaftliche Erkenntnis einsetzt. Fast könnte man meinen, Wissenschaft wird mit den eigenen Mitteln geschlagen.

Kurz, Wissenschaft bekämpft sich selbst. Es ist unbestritten, dass eine derartige Forschung gegen gängige Wissenschaftsstandards verstößt. Denn die Forschungsziele sind hier vertraglich fest vorgegeben, die Unabhängigkeit der Forscher ist vertraglich ausgehebelt, und die beteiligten Wissenschaftler sind dazu verpflichtet, die fixierten Forschungsziele experimentell nachzuweisen.

Ab Mitte der Neunziger Jahre wurde bekannt, dass der Tabakkonsum auch noch suchterregend sei [2]. Wie kam die Vertuschung der Tabakindustrie ans Licht? Der Whistleblower J. Wigand, F&E-Leiter beim Tabakunternehmen Brown & Williamson (B&W), einer Tochter von BAT, bekam Skrupel. Er gab 1996 in einer CBS-Sendung bekannt, dass B&W die Nikotinstärke seiner Produkte vorsätzlich erhöht und Karzinogene hinzugefügt habe, ohne die Kunden, geschweige denn die Öffentlichkeit darüber zu informieren [4]. Das Motiv, Zusatzstoffe beizumischen, war einzig darauf angelegt, die Kundenbindung der Raucher zu stärken und damit den Profit der Unternehmen langfristig abzusichern. Gesundheitliche Risiken wurden ausgeblendet.

Beide Fälle wurden erst durch Whistleblower aufgeklärt, neben der Kronzeugenregelung ein wichtiges „Instrumentarium" der Entlarvung von Betrügern. Die strikte Geheimhaltung von Dokumenten, hier durch die Tabakindustrie, ist dabei das Hauptproblem bei der Aufklärung. Die Akten umfassen dabei Ziele, Vorgaben, Absprachen und Hintergründe der Auftragsforschung. Der Mangel an Daten und Informationen macht die Schwierigkeit bis hin zur Unmöglichkeit deutlich, Fake Science durch numerische Datenanalytik nachzuweisen. Anders als in Fällen, wo massive Datenmengen, Big Data im Jargon genannt, vorliegen und maschinelle Lernverfahren sich einsetzen lassen, sind in Betrugs- oder Manipulationsfällen wie hier solche Verfahren nicht anwendbar. Denn das Missing-Data-Problem ist systemisch. Welcher Schummler legt schon freiwillig alle seine Karten auf den Tisch?

Wie wir noch sehen werden, stellen die Kampagnen der US-Tabakindustrie nicht Ausnahmefälle dar, sondern reihen sich in eine Vielzahl von Forschungsaufträge ein, deren Ziel es ausschließlich ist, erzielten wissenschaftlichen Konsens in gesundheitlichen und umweltpolitischen Fragen in Abrede zu stellen. Hier kommt die Agnotologie ins Spiel, die Lehre vom Nichtwissen. Wie die oben geschilderten Fälle deutlich machen, kann Nichtwissen aktiv produziert werden und kommt damit der Ignoranz nahe [1]. Statt Socrates mit „Ich weiß, dass ich nichts weiß" zu zitieren, denn damit wäre sein Wort aus dem wahren Zusammenhang gerissen und missbraucht, sei der Hinweis auf die Wissenschaftshistorikerin N. Oreskes gestattet, die auf breiter Front und seit langem die nicht ergebnisoffene Forschung von Wissenschaftlern anprangert und auf Unredlichkeiten verwiesen hat [5]. Denn wahre Forschung im Sinn von „rerum cognoscere causas", die auf aufklärungsorientierten Erkenntnisgewinn abzielt, sollte als Grundlagenforschung hypothesenbasiert sein und auf Experimenten oder gegebenenfalls auf geplanten Beobachtungsstudien beruhen, deren Forschungshypothesen grundsätzlich falsifizierbar sein müssen, so das bereits zitierte Popper-Kriterium. Studien können auch nicht Hypothesen beweisen, sondern im günstigsten Fall nur stützen oder bekräftigen. Wenn man so will, sind sie bedingt gültig, bis auf den Widerruf durch einen Gegenbeweis. Das Publizieren der Forschungsergebnisse, auch in Form von Vorstudien, dient dabei nicht nur zur Ehre der Autoren, dem Wissenstransfer zur Wirtschaft, dem Diskurs zwischen Forschern sowie der Konfrontation mit anderen Lehrmeinungen, sondern auch der Nachprüfbarkeit der Forschungsergebnisse in der

breiten Öffentlichkeit. In jedem Fall müssen Forschungsstudien die Prinzipien Wiederholbarkeit und Nachprüfbarkeit erfüllen und einen Begutachtungsprozess durch-
laufen haben. Dabei sind die Aufzeichnungen in Laborbü-
chern über Mitarbeiter und Messungen, die Zielsetzungen,
benutzten Methoden, Beschränkungen und eingesetzten
Gerätschaften essentiell, um die Wahrheitstreue (Veritas)
der empirischen Forschung wenigstens im Nachhinein
überprüfen zu können.

Wenden wir uns nun einem weiteren Fall von manipulierter Auftragsforschung in der Industrie zu. Denn nicht
nur die Tabakindustrie setzte derartige „abartige" Auftragsforschung gezielt ein. Seit 2007 wird über das teilweise massenhafte Sterben der (wildlebenden) Honigbiene
immer wieder berichtet, nicht nur in Griechenland, sondern überall auf der Welt [6]. Seit den 2000er Jahren ist
es gesicherte Erkenntnis, dass das Pestizid Neonikotine,
das die Pharmaindustrie herstellt, für Bienen toxisch ist
[1]. Trotzdem wird nach wie vor von interessierter Seite
der kausale Zusammenhang zwischen Pestizideinsatz und
Bienensterben durch eine Flut von Studien angezweifelt.
Dabei kommt neben der chemischen Industrie die Landwirtschaft mit ins Spiel, die die sog. Pflanzenschutzmittel
einsetzt. Als alternative Einflussgrößen werden ins Feld
geführt: Die Zerstörung von Lebensräumen der Insekten,
eingeschleppte Parasiten, die asiatische Hornisse, Viren,
Krankheiten, Monokulturen in der Landwirtschaft, der
Einsatz sonstiger Pestizide und andere Umweltbelastun-
gen, siehe [6]. Eine Folge der Studienflut ist, dass bis heute
kein Konsens hinsichtlich einer eindeutigen Ursache möglich ist.

Wie auch der folgende Fall zeigt, spielen Grenzwerte
von Einflussgrößen bei der Risikobewertung eine zentrale
Rolle. Sie führen zur Interessenkollision zwischen Handel,
Industrie und Wissenschaft. Statt mit Tabak oder Pestizi-

den haben wir es nun mit einem chemischen Stoff zu tun, dem Weichmacher Bisphenol A, kurz BPA, der zur Herstellung von vielerlei Kunststoffen wie beispielsweise von Getränkeflaschen aus Plastik dient, und damit aus dem täglichen Leben kaum wegzudenken ist. Wie ARTE ausführlich berichtete [1], war Ausgangspunkt der Affäre das Phänomen, warum sich in unerklärlicher Weise in medizinisch-biologischen Laborexperimenten Krebszellen in den dabei benutzten Zentrifugenröhrchen fanden und wuchsen [7]. Die beiden Forscher, die Biologin A. Soto und der Mediziner C. Sonnenschein, waren sich eines möglichen Kausal-Zusammenhangs zwischen Röhrchen und Krebszellenwachstum sicher. Denn sie hatten einen möglichen Dritteinfluss in alle denkbaren Richtungen überprüft und ausschließen können. Der Schlüssel zur Aufklärung lag schlicht im Material der Röhrchen, das Bisphenol A enthielt [1]. BPA hat die gleiche Molekularstruktur wie das Sexualhormon Östrogen. Von Versuchen mit Mäusen war bekannt, dass das Hormon die Prostata vergrößern und Spermienproduktion senken kann. Hier nun kommen die klassische Toxikologie und die Plastik verarbeitende Industrie ins Spiel. Beide stimmen zwar überein, dass das Krebsrisiko proportional zur aufgenommenen Menge Weichmacher ist, und dass das Risiko unterhalb eines kritischen Schwellenwerts – wie auch immer festgelegt! – unproblematisch wäre. Während sich die klassische Toxikologie mit sehr großen Mengen von Schadstoffen befasst, stand nunmehr mit den Entdeckungen von Soto und Sonnenschein die Schädlichkeit von BPA bei bereits geringst möglichen Mengen im Vordergrund [1].

Interessant ist nun, wie die Kunststoffindustrie auf diese toxikologischen Befunde reagierte. Trickreich versuchte sie, nachzuweisen, dass niedrige Dosen nicht schädlich sein können. Dazu gab der American Plastics Council eine Studie in Auftrag, den Gray et al., Harvard Center for

Risk Analysis, durchführten [10]. Die Autoren bestätigten die vorgegebene Hypothese, dass „The weight of the evidence for low-dose effects is very weak." [9]. Allerdings beschränkte sich diese Review-Studie auf nur neunzehn ausgewählte Studienfälle, obwohl weit mehr zur Verfügung standen wie sich später herausstellte [9]. Es drängt sich der Verdacht auf, dass hier eine systematische Teilauswahl eine Rolle spielte, deren Stichprobenverzerrung (Sampling Bias) durchaus gewollt war. Die Biologen vom Saal und Hughes führten 2004 ein Gegen-Review durch. Sie war ebenfalls eine sog. Meta-Studie, also eine Übersicht über Studien Dritter ohne eine eigene Feldstudie und Versuchs- und Kontrollgruppe. Sie war ausgelegt auf Gering-Dosis-Effekte und wies auf einen signifikanten Effekt in rund 82 % der insgesamt 115 Studienfällen [8] hin. Auf gewisse Einschränkungen in diesem Studienergebnis bei jedoch gleichzeitiger Bestätigung der Kernaussage eines erhöhten Sterberisikos verwies Politsch zu Recht [9].

Eine weitere in Auftrag gegebene experimentelle Studie der Kunststoffindustrie zur Untermauerung der These, dass niedrig dosierter Einsatz von BPA unschädlich sei, zeigte keine signifikanten Effekte. Konnte sie auch nicht, da spezielle Ratten und Mäuse für die Versuche trickreich selektiert wurden, denen Fettleibigkeit und hoher Östrogenspiegel zuvor angezüchtet worden waren [1]. Abschließend sei angemerkt, dass Belgien, Dänemark, Frankreich und andere europäische sowie nordamerikanische Länder längst inzwischen entsprechende Verbote derartiger Weichmacher unter anderem für Kinder unter drei Jahren ausgesprochen haben [6].

Weitere Beispiele für den Missbrauch bzw. die Fragwürdigkeit wissenschaftlicher Forschung, motiviert durch Geschäftsinteressen eines Teils der Industrie und letztlich auch der beteiligten Wissenschaftler, lassen sich beliebig fortführen. Man denke nur an Studien zur Gefahr von

Stickoxiden, die Dieselautos emittieren, und die für Krebs und Lungenerkrankungen mit hoher Wahrscheinlichkeit mitverantwortlich sind. Hinzukommen Untersuchungen zu Asbest und Lungenkrankheit, Radon, Krebs und FCKW, ganz zu schweigen vom Unkrautvernichter Roundup, der Glyphosat enthält. Dies steht im starken Verdacht, Lungen- und Krebserkrankungen zu verursachen. Die Bayer AG bestreitet nach wie vor, Stand Frühjahr 2024, dass die Mittel gesundheitsschädlich seien, die verlorenen Zivilprozesse in den USA sprechen dagegen.

Eine gewisse Raffinesse oder Chuzpe kann man folgender Kampagne nicht abstreiten. Nach der Umweltkonferenz von Rio sah sich die Industrie mehr als zuvor gezwungen, sich dem Umweltschutz zu stellen. Herstellprozesse umweltfreundlich umzustellen, ist erfahrungsgemäß anfangs und auch mittelfristig nicht billig. Eine der Branchen, der solch technologischer Fortschritt bevorstand, sah eine Alternative. Das Management startete eine Aktion, den „Heidelberger Aufruf" von 1992. Dieser rief nach seinem Wortlaut zur Folge scheinbar zur Unterstützung der Ergebnisse von Rio auf. Die Unterzeichner sollten sich dadurch geschlossen gegen jede Art von Ideologie beim wissenschaftlichen Fortschritt zum Umweltschutz stellen und wissenschaftliche Vernunft gegen Fanatiker einsetzen. Dem Aufruf folgten etliche deutsche Wissenschaftler gutgläubig, darunter sogar Nobelpreisträger [1]. Dumm nur, dass die Asbestindustrie der Auftrag- und Geldgeber war, und sich schlicht Freiraum für ihre Art der Auftragsforschung schaffen wollte.

Beängstigend empfindet der Autor die Rolle, welche die sozialen Netze beim Leugnen, Manipulieren und Verbreiten von Pseudowissen hierbei zunehmend spielen. Die Corona- und sog. Klimaleugner sind dabei weltweit nur eine von vielen Aktivisten. Das Manipulieren der öffentlichen Meinung durch schneeballartiges Verbreiten von Aussagen der Fake Science Community nimmt einen bedenklichen Umfang im gesellschaftlich-politischen Raum ein, vergleichbar zu Fake News und „alternative Fakten". Bedenklich nicht nur wegen der Verbreitungsgeschwindigkeit und Tiefe der News, sondern wegen der fehlenden Filterwirkung jedweden fairen Journalismus.

Wenden wir uns nun den anderen Spielarten von Fake Science zu. Wie kann man in Zeiten, wo der akademische Nachwuchs unter erheblichem Leistungsdruck steht – der Slogan „Publish or Perish" drückt das deutlich aus, seine Karriere voranzubringen? Wie kann man mühelos Studienautor werden, in Journalen ohne viel Aufwand, gegebenenfalls ohne viel Fachkenntnisse, veröffentlichen, international sogar fragwürdige Paper auf Tagungen vortragen und in Proceedings unterbringen? Fake-Verlage, Fake-Journale und Fake-Konferenzen sind die Lösung. Wie auf diesem Hintergrund der Wissenschaftsbetrieb pervertiert werden kann, führten die TV-Autoren Eckert und Hornung in der ARD-Sendung „Fake Science – Die Lügenmacher" genüsslich vor [11]. Sie reichten bei dem Pseudo-Verlag SCI Pub (Science Publication) eine Studie ein, die allein schon auf den ersten Blick erkennbaren computergenerierten Unsinn unter dem Titel „Highly Available, Collaborative, Trainable Communication – a policyneutral approach" enthielt. SCIPub gibt vor, dreiunddreißig Journale zu betreuen, die mehr als zehntausend Studien enthalten [11], vgl. deren Website https://thescipub.com. Gegen Zahlung von fünfundachtzig Euro wurde die Arbeit der beiden Autoren erwartungsgemäß akzeptiert. SCIPub ist bei weitem nicht der einzige Pseudoverlag, weitere sind WASET, IDSR, OMICS, Science Domain und andere. Diesen Verlagen ist gemein, dass sie sich das Mäntelchen der Wissenschaftlichkeit umhängen und einen Begutachtungsprozess (Peer review) vorgaukeln, der möglicherweise von einigen Autoren gar nicht gewollt sein könnte [12]. Die beiden Autoren trieben ihre Recherche noch auf die Spitze, indem sie bei WASET – ein Kürzel für World Agency of Science and Technology – einen ebenso unsinnigen Vortrag zu deren internationaler Fachkonferenz in London einreichten. WASET veranstaltet wirklich derartige Konferenzen weltweit, beispielsweise in Berlin oder New York. Die Tagungsgebühr liegt bei vierhundertfünfzig Euro [1]. So verwundert es nicht, dass als die dreistellige Konferenzgebühr bezahlt war, der Vortrag in wenigen Tagen akzeptiert, ein Reviewprozess behauptet und der Beitrag im Konferenzband abgedruckt wurde. Schätzt man die Einnahmen solcher maximal Drei-Tages-Konferenzen mit – sagen wir einmal – insgesamt fünfzig Teilnehmern grob ab, kommt man locker auf € 23.000 [11]. „Pecunia non olet" wussten schon Roms Bürger. So berichtet A. S. Chawla immerhin in der Fachzeitschrift Science, dass solche „Papierfabriken" wie „International Publisher LLC", dahinter steht die Website www.123mi.ru, es ermöglichen, den eigenen Namen über Forschungsarbeiten in renommierten Journalen zu setzen und damit den eigenen Lebenslauf aufzupeppen [16] - nichts da mit „Per aspera ad astra" – ohne Fleiß kein Preis.

Kommen wir auf gefakte Tagungen zurück. Deren Erscheinungsbild, die sog. Signatur, weist folgende Charakteristika auf: Ein einziger Konferenzraum in einem Hotel mit wohl bekanntem Namen, oben war es das Holiday Inn, touristisch interessanter Konferenzort, der verkehrsmäßig gut angebunden sein muss wie London. Hinzu kommen kurze Homepage mit Blickfang („Eye Catcher") vorneweg, oft keine Liste der Vortragtitel, kein oder nur ein Alibi-Programmkomitee mit einem „Zugpferd". Weiterhin sind typisch keine Parallel-Sitzungen, keine Sponsoren, nur der angereiste Vortragende als einzige Zuhörer in der Sitzung. Es gibt einen fachfremden Sitzungsleiter, der zugleich Organisator und Mann für alles ist [11]. Im Tagungsprogramm fehlen die Zeitfenster für Diskussionen, Breaks genannt, wie es für wissenschaftliche Konferenzen oder Workshops allgemein üblich ist. Diese brauchen die Teilnehmer solcher Pseudokonferenzen vermutlich auch nicht. Egal, diese Alleinstellungsmerkmale sind trennscharfe Klassifikations-Merkmale, die es erleichtern, Pseudokonferenzen als solche zu entlarven und zu identifizieren.

An dieser Stelle drängt sich die Frage auf, ob gegen solche Geschäftsmodelle kein Kraut gewachsen ist. Denn Recherchen von NDR, WDR und dem Magazin der Süddeutschen Zeitung belegen [1, 11], dass der Zulauf zu Fake Konferenzen und Fake Journalen, hinter letzteren stehen einige wenige sog. Raubverlage, nicht unerheblich ist. So sind lt. Recherche Wissenschaftler überall im sechsstelligen Bereich aktiv, sei es als schwarze Schafe oder ahnungslos, und rund hundert Universitäten sind betroffen, deren Wissenschaftler bei Fake Verlagen unbewusst oder vorsätzlich publizierten. Zu diesem Kreis zählen in Deutschland – auszugsweise – nicht nur die TU München, die Charité Berlin, die Fraunhofer Gesellschaft, die Uni Hannover [11]. Ob diese Zahlen für Deutschland übertrieben hoch sind, wie von Pössel [15] empirisch auf Stichprobenbasis untersucht und vermutet, ist meines Wissens nicht so entscheidend. Vielmehr ist die „dominante Kraft des Faktischen" zur Kenntnis zu nehmen, dass Fake Tagungen und Journale existieren, diese nach wie vor Redner und Autoren anziehen, und wissenschaftlichen Anspruch nur vortäuschen. Angesetzt werden muss deshalb innerhalb und außerhalb der Wissenschaft selbst, um solche Täuschungen nicht zu dulden und nachhaltig zu bekämpfen. Die Wirtschaft ist in den neunziger Jahren mit Fragen zur Unternehmensethik vorgeprescht und hat den Weg zu Compliance-Beauftragten freigemacht. Analog müssen die Unis und andere Forschungseinrichtungen

dem akademischen Nachwuchs durch Schulungsange-
bote vermitteln, wie wiederholbare und reproduzierbare
Forschung zu erfolgen hat [13] und regelkonforme Wissenschaft funktioniert. Dazu gehört auch, diese dabei zu
unterstützen, Pseudo-Tagungen und -Journale leichter zu
erkennen, um eine Teilnahme von Anfang an zu vermeiden oder notfalls zu verhindern. Aber auch die Universitäten, die nationalen Forschungseinrichtungen wie Leibniz-
und Helmholtz-Zentren und die Deutsche Forschungsgemeinschaft sollten in dieser Richtung aktiv bleiben und
ihre Regeln stetig anpassen. Auf keinen Fall sollten Mitarbeitern oder Mitarbeiterinnen, die beabsichtigen, sich
an Fake-Tagungen zu beteiligen, die Tagungs- und Rei-
sekosten erstattet werden. So wurde anfangs vorgeschlagen, schwarze Listen von Journalen zu führen, in denen
Mitarbeiter aus den genannten Organisationen nicht publizieren dürfen [14]. Doch „Raubjournale" sind gewieft
und passen sich schnell an geänderte Lagen an. Sie ändern
einfach den Namen [12], übrigens wie auch die Fake-Konferenzen es tun. Es liegt auf der Hand, dass solche Listen
hierzulande rechtlich mit der im Grundgesetz garantierten
Freiheit der Wissenschaft kollidieren. Daher sind schwarze
Listen ungeeignet. Alternativ werden „Whitelists" oder
„Top Ten Lists" vorgeschlagen [15]. Dieser Weg scheint
als flankierende Maßnahme zur internen („In-house") wissenschaftlichen Qualitätsforschung mit ihren Vorgaben für
korrekte Forschung erfolgversprechend zu sein. Allerdings
ist die Abgrenzung, ob jenseits der „Top-Ten" schon der
Graubereich beginnt, sehr subjektiv. In der Diskussion um
solche Open-Access- und Publikationsmodelle ist das in
Schweden geführte „Directory of Open Access Journals"
seit langem Vorreiter, zumal es spendenfinanziert und
damit wirtschaftsunabhängig ist [14]. Universitäten und
außeruniversitäre Forschungseinrichtungen sollten in Be-
rufungsverfahren darauf achten, dass Publikationen, die in

Fake-Journalen und in Proceedings von Fake-Konferenzen erschienen, in den Schriftenverzeichnissen von Bewerbern identifiziert und nicht gewertet werden. Dies geschieht zwar „etwas spät", ist eben nur eine Feuerwehrstrategie. Besser wäre eine vorsorgende Aufklärung wie oben beschrieben. Für Charité und Delbrück Zentrum in Berlin steht dazu das bereits vor fünf Jahren vom Neurologen Ulrich Dirnagl gegründete „Quest-Center für die Transformation der biomedizinischen Forschung" zur Verfügung.

Da der Autor nach wie vor ein entschlossener Verfechter von Glaubwürdigkeit (Trustworthiness) und Wahrhaftigkeit im Wissenschaftsbereich ist, kann er – mit gewissen Augenzwinkern – mit dem Wort des ehemaligen amerikanischen Präsidenten Harry S. Truman schließen „If you can't convince them, confuse them".

Literatur

1. ARTE (2021). Forschung, Fake und faule Tricks, 23. Febr. 2021, 21:40
2. Wikipedia (2021). Stichwort „Jeffrey Wigand" (Abruf: 23.2.2021)
3. Philip Morris GmbH (2021). Die Verbrennung, nicht Nikotin, ist die Hauptursache für rauchbedingte Krankheiten. Eine Informationskampagne der Philip Morris GmbH, was-raucher-wissen-sollten.de, www.presseportal.de/nr/37922/ (Abruf: 15.12.2022),weiterhin: Hauswurfsendung als Zeitungsanzeige in TV direkt, Berlin, Dez. 2021
4. TCRG (2021). Die Pfeife auf die Tabakindustrie blasen, blog bath.ac.uk, Univ. of Bath (Abruf: 24.1.2023)
5. Oreskes, N. und Conway, E. M. (2010). Merchants of Doubt: How a Handful of Scientists Obscured the Truth on Issues from Tobacco Smoke to Global Warning, Bloomsbury Publishing PLC

6. Bienensterben - Bienen in Not, https://www.bienenretter. de/hilf-den-bienen/bienen-in-not/ (Abruf: 6.1.2023)

7. Soto A. M. und Sonnenschein C. (2021). From Evidence of Harm to Public Health Policy: Is there Light at the End of the Tunnel? Response to: „Update on the Health Effects of bisphenol A: Overwhelming Evidence of Harm". Endocrinology, 162(3)

8. vom Saal, F. und Hughes, C. (2005). Environmental Health Perspectives 113(8), 926–933, https://doi.org/10.1289/ ehp.7713

9. Politch, J. A. (2006). Bisphenol A and Risk Assessment. Environmental Health Perspectives, 114 (1), A 16–17

10. Gray G. et al. (2004). Weight of the evidence evaluation of low-dose reproductive and developmental effects of bisphenol A, Human Ecology Risk Assessment, 10, 875–921

11. Eckert, S. und Hornung, P. (2018). Fake Science – Die Lügenmacher. ARD-Mediathek, 21. Juli 2018, 21:45 (Abruf: 24.1.2023)

12. Spiewak, M. (2017). Journale im Zwielicht. Die Zeit, Nr. 11, S. 29

13. Dirnagl, U. (2018). Veröffentlichen um jeden Preis, Der Tagesspiegel, 20.7.2018, Nr. 23534, S. 22

14. Friebe, R. (2018). Erst analysieren, dann publizieren, Der Tagesspiegel, 3.8.2018, Nr. 23548, S. 25

15. Pössel, M. (2018). Ein bisschen Entwarnung, Der Tagesspiegel, 3.8.2018

16. Chawla, A. S. (2022). Mühelos Studienautor werden, Süddeutsche Zeitung, Nr. 94, 2022, S. 14

Literaturnachweis Kolumnen im Informatik Spektrum

1. Lenz, H.-J., Money makes the world go ‚round – Die Fälscher sind unter uns, Informatik-Spektrum, Band 39/3, S. 249–250, 2016
2. Lenz, H.-J., Der Libor-Skandal – Kleinvieh macht auch Mist", Informatik-Spektrum, Band 39/6, S. 481–483, 2016
3. Lenz, H.-J., Datendiebstahl, Band 40/1, S. 116–119, 2017
4. Lenz, H.-J., Datentrickserei in der Wissenschaft, Informatik-Spektrum, Band 40/5, S. 473–478, 2017
5. Lenz, H.-J., Krumme Dinger – Datentrickserei in Wirtschaft und Gesellschaft, Informatik-Spektrum, Band 41/1, S. 69–71, 2018
6. Lenz, H.-J., Lug und Trug – Schattenseiten im Sport, Informatik Spektrum, Band 41/3, S. 212–216, 2018
7. Lenz, H.-J., Wahlbetrug – Wer die Wahl hat, hat die Qual, Informatik Spektrum, 42/2, S. 149–152, 2019
8. Lenz, H.-J., Datentrickserei im Taxigewerbe – von Abzocke bis Steuerbetrug, Informatik Spektrum, Informatik Spektrum 43/1, S. 65–67, 2020

H.-J. Lenz, *Manipulationen und Moneten – Datentrickserei im digitalen Zeitalter*, https://doi.org/10.1007/978-3-658-43848-7

9. Lenz, H.-J., Bilanzbetrug – Schönen, Frisieren, Betrügen, Informatik Spektrum, 44, S. 225–227, 2021

10. Lenz, H.-J., Betriebs- und Heizkostenabrechnungen – Schein und Sein. Informatik Spektrum, 44/4, S. 310–312, 2021

11. Lenz, H.-J., Abrechnungsbetrug in der Gastronomie – Süßer die Kassen so klingen. Informatik Spektrum, 44/5, S. 381–383, 2021

12. Lenz, H.-J., Abrechnungsbetrug im Gesundheitswesen: Die Geschäfte laufen wie geschmiert, Informatik Spektrum, 45, S. 330–334, 2022

13. Lenz, H.-J., Fake Science – zwielichtige Wissenschaft, Informatik Spektrum, 46, S. 118–123, 2023

Printed in the United States
by Baker & Taylor Publisher Services